PROMENADES

A TRAVERS

le

PARIS DES MARTYRS

1523-1559

PROMENADES

A TRAVERS

LE

PARIS DES MARTYRS

1523-1559

PAR

John VIÉNOT

Deuxième édition

PARIS

—

Librairie Fischbacher

33, Rue de Seine, 33

—

1914

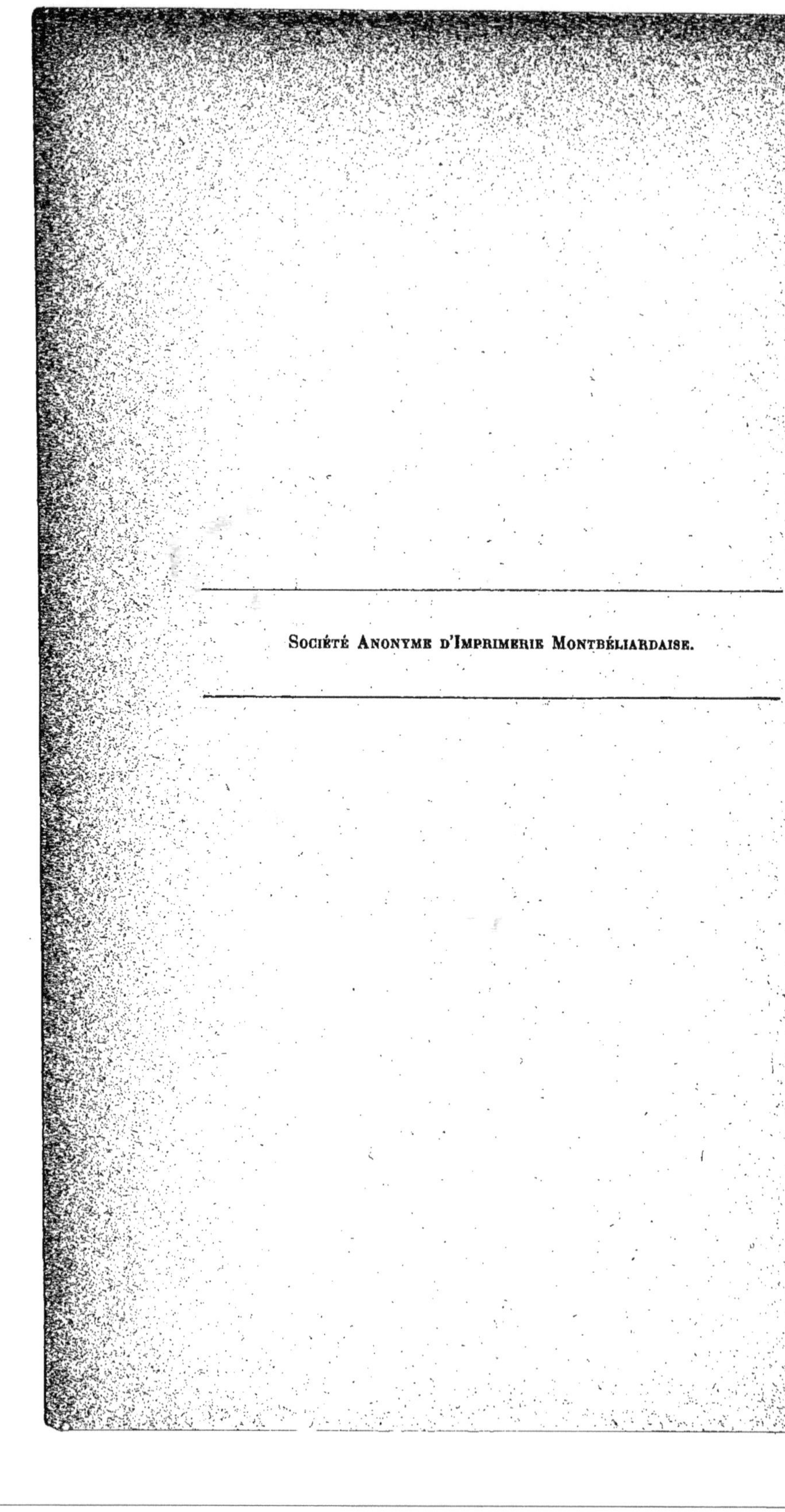

Je dédie ces pages
à la

MÉMOIRE

de
tous ceux qui ont souffert
et qui sont morts sur le
vieux sol parisien
pour la
liberté de croire
et
la liberté de penser.

JOHN VIÉNOT

Athéniens de Paris, que vous soyez Parisiens de naissance ou d'adoption, on vous accuse — et, il faut l'avouer, le reproche n'est pas sans fondement, de vivre au milieu de la grande ville et de ne pas connaître la topographie de votre cité, le nom de vos rues, les souvenirs historiques qui se rattachent aux divers monuments, — toutes choses que les étrangers savent mieux que vous.

HOFFBAUER, *Paris à travers les âges.*

UNE PAGE DE PASCAL

« C'est une étrange et longue guerre, que celle où la violence essaie d'opprimer la vérité. Tous les efforts de la violence ne peuvent affaiblir la vérité et ne servent qu'à la relever davantage. Toutes les lumières de la vérité ne peuvent rien pour arrêter la violence, et ne font que l'irriter encore plus. Quand la force combat la force, la plus puissante détruit la moindre; quand on oppose les discours aux discours, ceux qui sont véritables et convainquants confondent et dissipent ceux qui n'ont que la vanité et le mensonge : mais la violence et la vérité ne peuvent rien l'une sur l'autre. Qu'on ne prétende pas de là, néanmoins, que les choses sont égales : car il y a cette extrême différence, que la violence n'a qu'un cours borné par l'ordre de Dieu, qui en conduit les effets à la gloire de la vérité qu'elle attaque ; au lieu que la vérité subsiste éternellement, et triomphe enfin de ses ennemis, parce qu'elle est éternelle et puissante comme Dieu même. »

(Douzième Provinciale).

Le Marché aux Pourceaux

Le Marché aux Pourceaux

(Avenue de l'Opéra).

La foule élégante qui promène avenue de l'Opéra sa curiosité ou son loisir ne se doute guère qu'elle foule l'endroit de Paris qui était il y a quatre siècles le plus repoussant et le plus sale de Paris, je veux dire l'emplacement de la *Butte des Moulins* et du *Marché aux Pourceaux*.

Les deux buttes dites des Moulins s'étaient peu à peu formées, pense-t-on, des terres extraites des fossés de Paris et des détritus que l'on n'avait pas alors la possibilité d'éloigner de la capitale.

Sur une pente de la butte qui se trouvait à l'est, à l'endroit où s'ouvrira plus tard la rue qu'Anne d'Autriche fera baptiser du nom de sa patronne, *Ste-Anne*, se trouvait la voierie basse, « la place au sang », c'est-à-dire l'endroit où se faisait l'abattage du bétail qui était débité,

non loin de là, dans la grande boucherie St-Honoré pr
de l'Hospice des Quinze-vingts.

Il y avait là un réceptacle d'immondices dont on
retrouvé la trace en 1877 au cours des travaux entrepr
pour l'alignement et le percement de l'Avenue de l'Op
ra. Le conseil municipal d'alors se préoccupa des dange
que pouvait faire courir à la santé publique l'enlèv
ment « des gadoues noires et méphitiques retrouvé
sous les démolitions, entre la rue Ste-Anne et la rue Tr
versière. » (1)

C'est là dès l'entrée de la rue Ste-Anne et dans l'esp
compris entre l'avenue de l'Opéra, la rue Ste-Anne et
rue Thérèse, que se tenait le *marché aux pourceau*
L'odeur de ce coin infect était telle qu'en 1571 Char
IX ne voulait pas habiter l'été le palais voisin des T
leries avant qu'on ait pris des précautions pour atténu
les désagréments d'un tel voisinage.

La grande Butte des Moulins et le marché infect c
se trouvait à ses pieds appartenait à l'évêque de Paris
c'est là que s'exécutaient les arrêts de sa justice.

Tout ce quartier était bien fait d'ailleurs pour
bûchers et les pendaisons. Non loin de là, dans la dir
tion de la Seine et près des Quinze-Vingts, sur la cha
sée St-Honoré, il y avait l'*échelle de justice* qui a b
tisé la rue de l'*Echelle*.

Le marché aux pourceaux n'était pas ouvert à tous

(1) Cf. Fournier, *Histoire de la Butte des Moulins*, Paris 18
La rue Traversière est devenue la rue Molière. Comme elle cond
sait à la Butte des supplices, elle s'appelait, sous Louis XIII enco
la rue de *Malassis*.

LES DEUX BUTTES, D'APRÈS LE PLAN O. TRUCHET (1551).

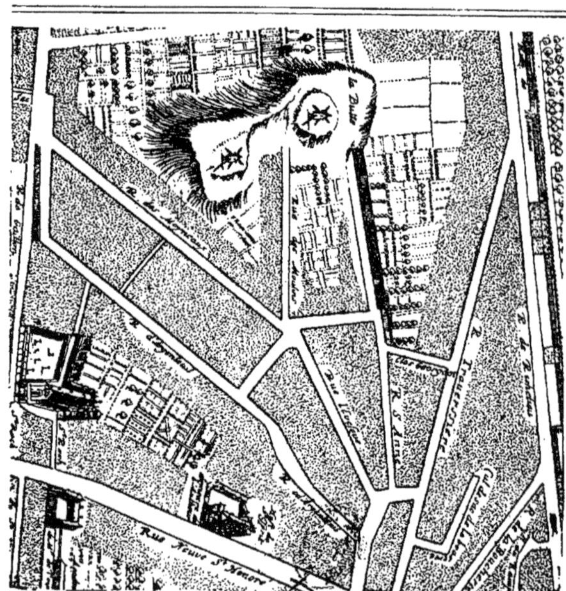

LA BUTTE DES MOULINS, D'APRÈS LE PLAN GOMBOUST (1652).

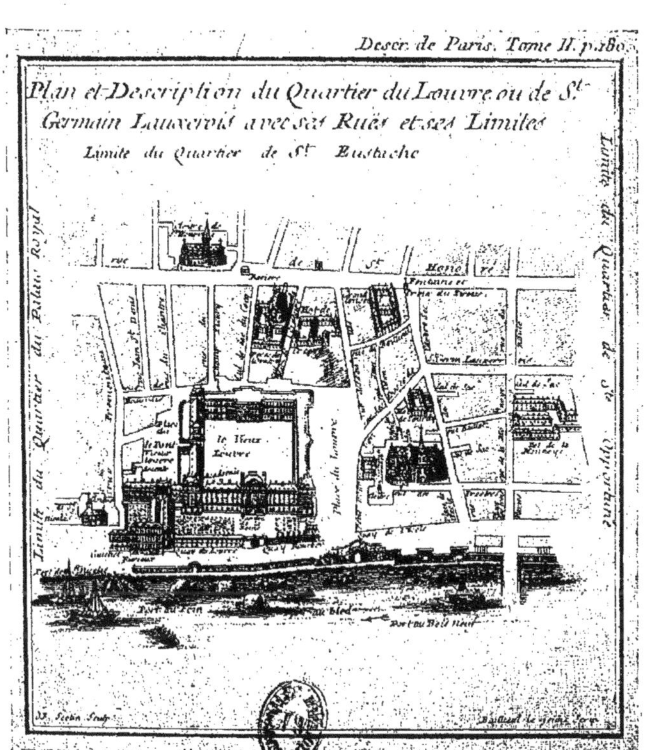
Plan et Description du Quartier du Louvre ou de St
Germain L'auxerrois avec ses Ruës et ses Limites
Limite du Quartier de St Eustache
Limite du Quartier du Palais Royal
Limite du Quartier de Ste Opportune
rue
de
St
Honoré
le Vieux
Louvre
Place du
J.F. Seelin Sculp.

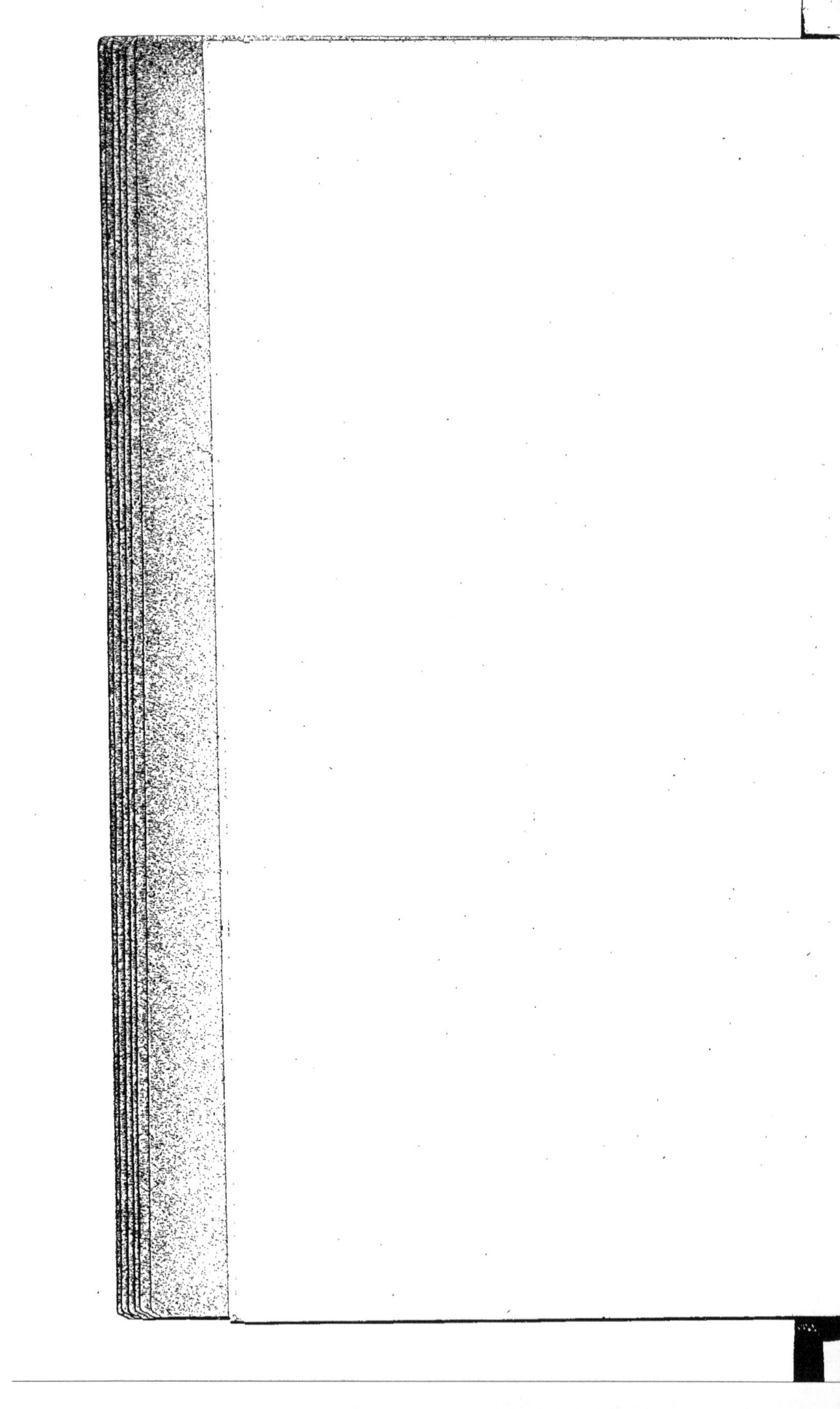

criminels. On n'y exécutait jamais pour crime de meurtre ou de rapt, mais on y exécutait fort bien et indiffé-
remment les voleurs, les faussaires, les faux monnayeurs, les sorciers et sorcières, les hérétiques.

Comme l'Eglise a horreur du sang, l'évêque confiait
aux gens du roi l'exécution de ses sentences. Les voleurs
y étaient pendus, les faussaires et les hérétiques étaient
brûlés ; quant aux faux-monnayeurs ils étaient bouillis
vivants dans une grande chaudière (1).

Le marché aux pourceaux a eu l'honneur de voir brûler le premier martyr de la Réforme française.

C'était le 8 août 1523. On vit ce jour-là un tombereau
à immondices conduire devant Notre Dame de Paris un
pauvre moine ermite âgé au plus d'une quarantaine
d'années. Il put une dernière fois attacher ses regards
sur les pierres déjà vieillies de l'admirable édifice. On
le contraignit d'entendre du dehors une messe expiatoire ; c'était « l'amende honorable » à laquelle tous les
hérétiques étaient condamnés. Puis il fut replacé dans
son tombereau et, à travers les rues étroites du Paris
d'alors, il fut conduit, en sortant par la porte St-Honoré,
jusqu'au pied de la Butte des Moulins, au marché aux
pourceaux. Là, on lui coupa la langue ; après quoi, atta-

(1) « Deux faux monnayeurs « boulus » (bouillis) au marché
au Pourceaux ; et à cet effet a été mise une grosse fontaine de
cuivre à la chaudière, laquelle fut mise sur un fourneau de pierre;
fut brûlé un cent de bois de gros compte, une douzaine de bou-
rée, une douzaine de cotterets et un gluy de feure. » Comptes de la
prévôté de Paris, *Sauval*, III, p. 604.

ché au gibet par une chaîne de fer, il fut brûlé tout vi
dans son habit d'ermite.

Quel crime atroce avait donc commis le malheureu
et qui était-il ?

Il s'appelait Jean Vallière. C'était un ermite augusti
de la petite communauté de Livry près de Pressy.
était originaire d'Acqueville près Falaise (1). Il fut brû
lé, dit le moine Pierre Driart, « pour les blasphèmes
énormes paroles par lui dites à l'encontre de notre crés
teur Jésus et sa digne mère la Vierge Marie. » Le *Jou*
nal d'un bourgeois de Paris précise le « blasphème »
Jean Vallière aurait affirmé que « notre seigneur Jésu
Christ avait été de Joseph et de notre Dame conçu com
me nous autres humains. »

Jean Vallière était tout bonnement un des premier
adhérents de ce qu'on appelait alors la secte luthérien
ne. L'esprit de la Renaissance avait pénétré dans beau
coup de couvents, et parmi les plus instruits et les plu
vivants des moines. Les Augustins surtout — l'ordre au
quel appartenait Luther — se distinguaient par u
« modernisme » relatif. L'esprit d'Erasme avait pénétr
à Livry même pendant que Jean Mauburnus en éta
l'abbé (2).

(1) Et non de « Pressy près Falaise », comme le dit M. Doumergu
d'après une indication de M. N. Weiss, *Bull.* 1894, p. 254.

(2) On a deux lettres d'Erasme à l'abbé de Livry, Cf. *Gall*
christiana nova, t. VII, fol. 281, 282. Cf. aussi la tentative de r
forme de Livry, par Standonk.

L'ermitage ou l'abbaye de Livry a eu l'honneur de donn
deux martyrs à la Réforme française : Vallière et Jean Guibert.

D'Erasme à Luther il n'y avait qu'un pas et beaucoup
de moines parmi ceux qui désiraient la réforme de
l'Eglise le franchirent. Il n'était pas douteux que Jean
Vallière ait été de ceux-là. Preuve en soit ce que rapporte Pierre Driart tout de suite après le supplice de
Jean Vallière. Il note que ce même jour le Parlement
ordonna de brûler grosse quantité des livres de Luther
devant Notre-Dame « sur un grand échafaud à ce pré-
paré. » Il fut aussi « fait cry » que, sous peine de con-
fiscation de corps et de biens, nul ne fût si osé ni hardi de
garder des livres de Luther, mais qu'on les mît tous au
feu.

Jean Vallière est donc bien la première victime de
la Réforme naissante. On connaissait son supplice par
la première édition du *Journal d'un bourgeois de Paris*
et par la *Cronique du roy Francoys* 1er. On connaissait
son nom, depuis 1895, par la publication de la *Chronique parisienne* de Pierre Driart. Nous avons trouvé depuis
puis lors son jugement que l'on croyait perdu. Nous
donnons ici ce document qui est le plus ancien texte
aujourd'hui connu d'une condamnation prononcée par

ne reste plus rien aujourd'hui des anciens bâtiments de l'« ermitage ». Mais on y peut voir les restes attristés de l'abbaye où Mme
de Sévigné allait si souvent se reposer des agitations de Paris auprès d'un oncle qui en était l'abbé. Elle a rendu avec une grâce
incomparable les charmes de cette solitude. Pour aller à Livry,
prendre, à la gare de l'Est, un billet pour Gargan où l'on trouve le
train sur route de Livry. Descendre à la station Livry-Sévigné.
L'abbaye tombée entre les mains de marchands de biens est toute
proche.

le Parlement contre les adhérents de la Réforme française.

Extrait des *Registres de parlement*

Veues par la court les charges et informations faites par le Juge et garde des prevostz et soubsbaillys de Precy (1) ou son lieutenant à l'encontre de Jehan Vallière soy disant hermite prisonnier en la Conciergerie du pallais pour raison des exécrables et detestables blasphèmes par luy dictz et professez de notre Saulveur et Redempteur Jhesucrist et de la glorieuse vierge Marie sa mère, les interrogatoires et confessions dudit Valliere faictes par devant aucun conseiller dicelle court à ce faire commis par elle, comme les recollemens de tesmoings et confrontacions faictes auxdictes personnes et luy oy et interrogé en la dicte court sur les dits cas, lequel s'est advoué clerc et comme tel à Requis estre rendu à son ordinaire et, tout considéré, et arresté que ledit Vallière ne sera rendu comme clerc et ne joyra de privillège de cléricature, et au surplus, la court, pour raison desdicts cas, a condempne et condempne ledit Vallière a estre mené en ung tombereau où l'on porte les immondices de la Ville, jusques devant l'église notre dame de Paris et illec requerir mercy et pardon à Dieu et à la Vierge Marie de sesdits blasphèmes et ce faict estre d'illec

(1) *Le Journal d'un bourgeois de Paris*, indique de même que Jean Vallière « se tenait près Pressy ». Il s'agit de Précy-sur-Oise. La note 4 de l'édition Bourrilly du *Journal* (p. 397), est donc erronée.

mené au marché aux pourceaulx et illec avoir la langue couppée et après estre brulé tout vif, son habit et son corps mis en cendre. Et a ordonné et ordonne ladicte court que le proces faict contre le dict Vallière sera bruslé et declaire ses biens confisquez. Fait et exécuté le huitième jour d'aoust l'an mil cinq cens et vingt-trois. Ainsi signé Malon.

Collation est faite.   LORMIER. (1)

Jean Vallière ne fut pas la seule victime brûlée au Marché aux Pourceaux par l'intolérance du temps.

Le 18 novembre 1534, un tisserand dont nous ne savons pas le nom, fit amende honorable, lui aussi, devant Notre-Dame. Puis, par la même route, il fut conduit au Marché aux Pourceaux. On lui coupa la langue — après quoi il fut brûlé vif.

D'après Pierre Driart il se rétracta et mourut bon chrétien. Mais le brave moine prend souvent ses désirs pour des réalités et la rétractation du marchand est fort douteuse. On épargnait à ceux qui avaient fait quelque concession les souffrances d'être brûlés vifs. On les étranglait préalablement. Et ce ne fut pas le cas du malheureux tisserand qui fût brûlé vif. Il est possible d'ailleurs de mourir « bon chrétien » sans croire à la messe.

La même scène se renouvela l'année suivante.

Le 5 mai 1535, veille de l'Ascension, deux hommes,

(1) L'échevin Pierre Lormier sans doute.

Ce document se trouve dans *Le livre rouge des maîtrises et mestiers*. Arch. nat. sect. judiciaire, série Y 6.

dont l'un s'appelait Etienne Bénard, originaire des environs de Rouen, procureur du roi, et âgé de 40 ans environ, et l'autre, Marin Du Val, natif de Melun et couturier de son état, furent traînés sur une claie au parvis de Notre-Dame où ils furent contraints de faire amende honorable. Puis, on les mit dans un tombereau et on les conduisit au Marché aux Pourceaux. Là, ils furent pendus à des chaînes de fer et brûlés. Ils moururent « repentants et bons chrétiens », dit le *Journal d'un bourgeois de Paris*. C'étaient deux luthériens soupçonnés d'avoir trempé dans l'affaire des placards, c'est-à-dire d'avoir affiché dans Paris, à la fin de 1534, un factum violent contre la Messe.

La Croix du Tiroir

LES SUPPLICIÉS DE LA *Croix du Tiroir*, 1533.

Le Pilori des Halles au XVII⁰ siècle.

CHAPITRE II

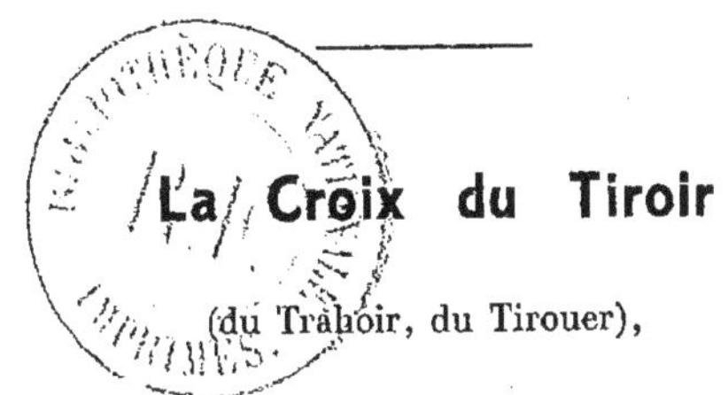

La Croix du Tiroir

(du Trahoir, du Tirouer),

au coin de la rue Saint-Honoré et de la rue de l'Arbre sec.

La Croix du Tiroir. — Ses victimes. — Audebert Valeton. —

Nicole Lhuillier. — Simon Foutret.

« La croix du Tiroir, est la première chose remarquable que l'on distingue dans la rue de St-Honoré » ainsi s'exprime un historien de Paris en 1698. « Elle est au coin de la rue de l'Arbre-sec (1), appuyée sur l'angle d'un pavillon dont la maçonnerie est assez belle, dans lequel se fait la décharge des eaux d'Arcueil, qui pas-

(1) Aujourd'hui au coin de la rue de l'Arbre Sec et de la rue St-Honoré.

L' « *Arbre Sec* », c'est la potence qui s'élevait sur la place du Tiroir.

sent sous le pavé du Pont-Neuf, ensuite mêlées avec ce
les de la pompe de la Samaritaine, elles se distribue
au Louvre, aux Tuileries, au Palais-Royal, et à d'autr
endroits particuliers et la manière dont cette distrib
tion se fait est assez curieuse à voir. Ce pavillon a é
bâti par François Miron, prévost des marchands q
entra en charge en l'année 1604. » Quelques historie
prétendent que c'est à cet endroit que Brunehaut f
traînée à la queue d'un cheval indompté par ordre (
Clotaire II. C'est pure légende.

En tous cas, en 1698, on exécutait encore des crimine
sur cette place puisque Germain Brice dit : « On fa
assez souvent des exécutions de criminels devant cet
croix, principalement de ceux qui sont convaincus d'
voir fait de la fausse monnaie, à cause que la maiso
où l'on fabrique la monnaie n'est pas fort éloignée (
cet endroit. » (1)

La raison est naïve — mais la coutume était ancienn

La place du tiroir s'appelait ainsi parce que l'on
tirait les étoffes dit Lebeuf (2), mais, d'après Berty, (
que l'on y tirait ou plutôt triait, c'étaient des animau
de boucherie qu'on y amenait ? La croix que l'on ava
érigée d'abord sur la place avant de l'appliquer au p
villon de François Miron, remontait à la plus haute an
tiquité. Elle fut détruite en 1789.

(1) Germain Brice, *Description nouvelle de la ville de Par*
Paris, 1698, t. I, p. 97.

(2) *Histoire de la Ville de Paris*, éd. Cocheris, t. I, p. 93, et *ibi*
p. 176.

Ceux qui la détruisirent se souvenaient peut-être des longues injustices qu'elle avait pu contempler.

C'est ainsi qu'on avait vu des potences s'y élever le 21 janvier 1535. On avait fait le matin dans Paris une procession solennelle qui avait déroulé ses splendeurs de St-Germain l'Auxerrois à Notre-Dame. L'après-midi, pour donner une sanction à cette fête religieuse, on avait brûlé six luthériens, trois aux Halles et trois devant la *Croix du tiroir*. Ceux-ci s'appelaient Audebert Valeton, receveur de Nantes, maître Nicole Lhuillier, clerc du greffe du Châtelet et maître Simon Foutret, chantre du roi. Le *Martyrologe* de Crespin raconte en ces termes la triste destinée de *Audebert* ou *Nicolas* Valeton.

21 *Janvier* 1534. (Vieux style). *Nicolas Valeton* (1), receveur de Nantes en Bretagne commençant de venir à la connoissance de l'Evangile par le moyen d'aucuns bons personnages qu'il hantoit, et par la lecture du nouveau Testament en françois ; voyant la grande poursuite qu'on faisoit, et que Morin (avec lequel il aurait eu différend) approchait de sa maison, commanda à sa femme de faire oster de sa chambre le bahu ou estoient les livres, et cependant alla au devant du danger. Elle effrayée de son costé, jeta soudainement tous les dicts livres dans les privés, ensemble d'autres papiers qui y estoyent, en sorte que le bahu demeura vuide. Morin estant entré, envoya Valeton en prison, et commanda qu'il fut étroitement

(1) Une liste des hérétiques ajournés par les gens du roy en 1534, l'appellent *Audebert* Valleton, *Bulletin*, t. XI, p. 257.

gardé ; puis ayant fouillé par tout et n'ayant rien trouvé,
aperçut ce bahu vuide, toutes fois il ne s'y arresta pour
l'heure, tant il avoit envie d'interroguer son prisonnier,
ce qu'ayant faict et ne se trouvant aucunes charges et
informations contre lui pensa qu'il y falloit procéder
plus finement et qu'autrement le receveur seroit homme pour lui garder et donner de la peine, parce qu'il
estoit homme d'esprit et de crédit. L'ayant donc interro-
gué de rechef sur le faict du bahu, et rien profité, il
alla soudainement vers sa femme à laquelle il fit tant de
demandes et si cauteleuses et subtiles (ioint qu'il asseu-
roit que son mari avoit confessé le coffre estre celui où
il mettait les livres et papiers secrets) que ceste jeune
femme peu avisée, se fiant en la promesse et serment
dudit Morin, que son mari n'auroit aucun desplaisir
(moyennant argent par elle offert et promis) lui descou-
vrit la vérité du faict. Les livres estant retirés promptement hors des retraits, encore qu'ils ne fussent défendus, Morin le fit trouver si mauvais au Roi, qu'il commanda qu'on le fist mourir, d'autant qu'ayant ainsi faict
jeter les livres, il estoit suspect d'hérésie. A quoi la cour
de Parlement obtempéra très volontiers et fut ce personnage mené à la croix du tirouër, et là bruslé vif du
bois pris en sa maison. Il monstra une grande constance et fermeté : ce qui fut trouvé admirable des gens de
bien, d'autant qu'il avait encore bien peu d'instruction » (1).

(1) *Martyrologe*, éd. Toulouse. I, p. 303-304.

Le Pilori des Halles

CHAPITRE III

Le Pilori des Halles

Son emplacement actuel. — Ses victimes. — Le drapier de la rue
St-Denis, Jean Dubourg. — Jean Lenfant, un faiseur de pa-
niers de fil d'archal, un menuisier. — Pierre Guyon d'Auxerre.
— Antoine Sebilleau.

« Au bout de la rue Pirouette, dans son prolongement,
sur le passage actuel de la rue Rambuteau, exactement
vis-à-vis du pavillon des Halles affecté à la marée, s'é-
levait le pilori : C'était une petite tour octogone, percée
de hautes fenêtres ogivales, n'ayant qu'un étage au-
dessus d'un rez-de-chaussée, et au milieu de laquelle
était une roue de fer percée de trous où l'on faisait passer la tête et les bras des criminels, voleurs, assassins,
blasphémateurs, courtiers de débauche, condamnés à
cette exposition infamante. On les y attachait trois jours
de marché consécutifs, deux heures par jour, et, pour

que chacun pût jouir de cet aimable spectacle, de dem
heure en demi-heure, on tournait le carcan dans ur
direction différente : on faisait faire aux patients
« pirouette » — d'où le nom de la rue. » (1)

Il y avait à Paris deux piloris, celui des Halles qu
était le pilori du roi et celui de la rive gauche qui
trouvait derrière l'abbaye St-Germain des Prés et q
était le pilori de l'abbé.

Près du pilori, il y avait une croix de pierre comn
on en trouvait toujours près des poteaux de justice c
des gibets.

Aux halles disait le proverbe *est le pilori du roi.* Il
resta longtemps puisque la coutume barbare d'expos
les délinquants aux risées, aux insultes ou aux cracha
de la foule ne disparut que sous Louis XVI.

Les historiens de Paris qui ont fait l'histoire du pil
ri et raconté les malheurs de quelques-uns de ceux q
y furent exposés, ne parlent guère ou point du tout
ceux qui souffrirent à cet endroit pour de simples op
nions religieuses.

Il nous semble pourtant que ces victimes sont autr
ment intéressantes que beaucoup d'autres.

Réparons, en partie du moins, ces oublis.

L'affaire des placards contre la messe affichés da
Paris et jusqu'à la porte même de la chambre à couch
de François Ier, en octobre 1534, fit de nombreuses vi
times dans Paris. Les Halles virent brûler quelques-un
d'entre elles.

(1) Georges Cain, *Promenades dans Paris*, p. 294.

Le 14 novembre 1534, un drapier de la rue St-Denis à
l'enseigne du cheval noir accusé d'avoir affiché des placards dans Paris fut condamné à faire amende honorable devant Notre-Dame, à avoir le poing coupé devant
la Fontaine des Innocents et à être brûlé au pilori des
Halles.

Voici le récit de cet épisode d'après le *Martyrologe* de
Crespin (1).

« 14 *Novembre* 1534. *Jean du Bourg*, marchand de Paris, monstra en ceste persécution qu'elle connoissance
de l'Evangile il avoit receuë de Dieu, c'est assavoir ferme et fondée sur le rocher qui est Jésus-Christ ; car ni
bien, ni parentage ne le seut onques divertir et esbranler
de la vérité. Son logis estoit à l'entrée de la rue Sainct
Denis, à l'enseigne du cheval noir, faisant estat de mar-
chandise de drapperie. Il fut bruslé aux Halles, lieu
publique de Paris. (2) »

Driart, qui rapporte le même fait, affirme que Jean
Du Bourg mourut « bon chrétien », nous n'avons pas de
peine à le croire.

Mais l'année 1535 devait voir amener au Pilori des
Halles bien d'autres victimes de la réaction furieuse
alors déchaînée sur la France de la Renaissance et de
la Réforme.

Le 21 janvier 1535, le bon roi François 1er « pour apai-
ser l'ire de Dieu » et en expiation du sacrilège commis
par les luthériens qui avaient osé afficher leurs fameux

(1) I, p. 3o4.
(2) C'est-à-dire lieu d'exécution publique.

placards contre la Messe, fit faire la plus belle proces
sion que l'on vit jamais en France. Les chasses de sainte
Geneviève, de St-Marceau, toutes les chasses des églises de Paris sans exception, « le fer de la lance » « le
précieux chapeau d'épines » et toutes les reliques de la
Sté-Chapelle y furent solennellement portées. L'évêque
de Paris, Jean du Bellay, portait le *corpus domini* sur
lequel il y avait le riche ciel du roi ». Le dauphin, le duc
d'Angoulême et les enfants du roi, le duc de Vendome
en portaient les quatre coins. Devant le *Corpus domini*
marchaient toutes les paroisses, les archers du roi et les
suisses en bon ordre avec leur tambourins, puis les neuf
gentilshommes du roi avec leurs haches d'armes, enfin
messeigneurs les cardinaux de Tournon, de Lisieux et
de Châtillon, tous nus-têtes. Après le St-Sacrement,
marchait à pied le roi lui-même vêtu d'une robe de velours noir fourrée de martres, nu-tête et portant en ses
mains une grande torche de cire blanche allumée. A
côté de lui cheminait le cardinal de Lorraine ; ils étaient
suivis des princes du sang et des plus grands personnages tous nus-têtes avec une torche de cire aux écussons
de France. Puis venaient le Parlement, la cour des
comptes, la Ville, le lieutenant de la prévôté de Paris,
l'Université. Partie de St-Germain l'Auxerrois, la procession gagna Notre-Dame. La grand'messe dite, le roi
et la reine allèrent dîner chez monseigneur l'évêque de
Paris (1).

(1) Driart raconte que pendant le dîner auquel assistaient également
ment le Dauphin, les enfants de France et la noblesse, le roi vou-

Pour achever la fête on brûla l'après-midi six « luthériens » à savoir trois à la *Croix du Trahoir* : Maître Simon Foutret, natif de Cusset en Auvergne, chantre du roi ;

Audebert Valeton, receveur de Nantes. On avait trouvé dans sa demeure, près de la Croix du Trahoir, des livres luthériens qui furent brûlés avec lui ;

Maître Nicole Lhuillier, clerc du greffe du Châtelet.

Les trois autres furent brûlés aux Halles après avoir fait amende honorable devant Notre-Dame. C'étaient un riche fruitier des Halles, Jean Lenfant, un faiseur de petits paniers de fil d'archal et un menuisier dont le nom est resté inconnu. Driart raconte à ce propos que l'on avait dressé huit potences, quatre à la Croix du Trahoir (1) et quatre aux Halles, car on devait exécuter huit luthériens mais « pour quelque cause » il n'en fut exécuté que six. Les malheureuses victimes furent conduites au supplice, deux par deux, dans six tombereaux de voierie. Un autre tombereau les précédait, chargé, celui-là, de « grands sacs de livres de la fausse et mauvaise doctrine de Luther. » (*Chronique parisienne*, p. 176).

Le lendemain, 22 janvier, dit le *Journal d'un bourgeois de Paris* fut brûlée la femme d'un cordonnier demeurant près de l'église St-Séverin. Elle était maîtresse

lant montrer à l'Eglise son bon vouloir catholique, déclara que s'il pensait que l'un de ses membres fût souillé de la mauvaise hérésie de Luther, que lui-même il le voudrait couper pour être brûlé et ars — et même de ses propres enfants. Propos qui fut, ajoute Driart, « fort agréable aux bons catholiques. »

(1) Rue St-Honoré.

d'école et « mangeait de la chair aux vendredis et samedis. » Driart dit qu'elle était « luthérienne » et âgée d'environ trente-six ans. Menée dans un tombereau devant
Notre-Dame, elle y fit amende honorable puis, ramenée
à l'abreuvoir Popin, elle « fut pendue à une potence et
laissée choir au feu toute vive. » (1)

Sous Henri II, le nombre des martyrs brûlés aux
Halles est considérable et tous ne sont pas connus. C'est,
le 26 mai 1548, Pierre Guyon originaire d'Auxerre qui,
pour réparation des blasphèmes séditieux, hérétiques
et scandaleux dicts et proférés par lui contre l'honneur
de Dieu, du saint sacrement de l'autel, de notre mère
sainte Eglise, est condamné à avoir la langue coupée au
sortir de la chapelle de la Conciergerie, à être mené
aux halles à y être soulevé à une potence et brûlé tout
vif en l'air (2).

Le 4 octobre de la même année, c'est Antoine Sebilleau, dit Navet qui est condamné à la même peine pour
le même délit. Mais il faudrait un volume à part pour

(1) Driart place ce supplice au samedi 22 janvier. Le *Bulletin*
(1862, p. 256), place le fait au 21 avril. Mais il y a dans ce texte
plusieurs erreurs évidentes de lecture. Cf. Bibl. publ. de Soissons,
ms. 189, fol. 79.

Crespin, dont la *Chronique du roy François I*er, le *Journal
d'un bourgeois de Paris*, la *Chronique parisienne*, de Pierre
Driart, le *Journal de François Grin, etc.*, n'ont fait que confirmer
l'exactitude, nous donne le nom de la pauvre maîtresse d'Ecole.
Elle s'appelait la *Catelle*. Il commet, croyons-nous, une erreur en
indiquant qu'elle fut brûlée vive au bout de la rue de la Huchette
(Voir le chapitre sur l'*Abreuvoir Popin*). (*Martyrologe*, éd. Toulouse, t. I, p. 305.)

(2) N. Weiss, *La Chambre ardente*, p. 57, 58.

donner une idée de la répression furieuse qui marqua
le règne de Henri II et nous renvoyons ceux qui voudraient s'en faire une juste idée au livre de M. N. Weiss,
sur *La Chambre ardente*.

Le Cimetière St-Jean

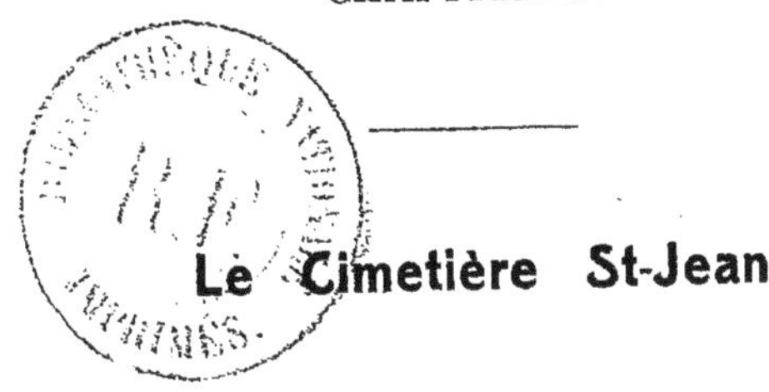

CHAPITRE IV

Le Cimetière St-Jean

La situation actuelle. — Les supplices : Barthélémy Milon ; Etienne de la Forge. — Deux « luthériens ». — Georges Dutertre. — Un inconnu. — Peloquin.

Le cimetière St-Jean est traversé par la rue de Rivoli actuelle. Il s'étendait au-delà dans la direction de la rue du Bourg-Thibourd. La pointe nord-est de la caserne Lobau donne sur l'emplacement de cet ancien cimetière devenu le marché St-Jean, disparu lui-même pour faire place à la rue de Rivoli.

C'est à cet endroit que se trouvait l'hôtel de Pierre de Craon qui avait voulu faire assassiner le connétable de Clisson sous Charles VI, en 1391. En punition de cet attentat, sa maison fut démolie et rasée et la place qu'elle occupait fut donnée à la paroisse St-Jean pour en faire un cimetière.

Devant le cimetière, il y avait une place, donc c'était aussi un endroit propice pour y brûler quelques-unes de ces victimes de l'intolérance d'alors dont les souffrances étaient destinées à faire réfléchir le peuple qui aurait eu quelque velléité d'affranchissement à l'égard d'une église corrompue mais puissante.

Voici quelques-uns des tristes épisodes que vit se dérouler la place du cimetière St-Jean.

Le 13 novembre 1534, un cordonnier paralytique natif de Paris et nommé Barthélémy Milon, fit amende honorable devant Notre-Dame et fut brûlé au cimetière St-Jean. Il fut brûlé vif sans étranglement préalable parce que, dit Pierre Driart, « il ne se révoqua point de sa mauvaise doctrine et mourut obstiné comme le rapportèrent ceux qui l'avaient vu exécuter. » Sa sœur, femme d'un nommé Simon, fut citée à comparaître mais elle paraît avoir échappé aux recherches ainsi que cinquante de ses co-accusés.

Cette année 1534 qui a fourni tant de martyrs marque une époque de réaction furieuse. François Ier, décidément intimidé par la puissance et la popularité des réacteurs, a passé du côté des persécuteurs. Il se plie plus facilement à leurs exigences, il se prête à leurs processions solennelles et les bûchers flambent dans Paris.

Nous connaissons Barthélémy Milon autrement que par le froid procès-verbal de Driart ou du *Journal d'un bourgeois de Paris*. Voici les détails que nous fournit sur lui le *Martyrologe de Crespin*.

« *Barthelemi Milon*, dit le Paralytique, vulgairement appelé Berthelot, fils d'un nommé Robert Milon, cordonnier de la Ville de Paris, estoit jeune homme, perclus de ses membres, excepté des bras et de la langue. Sa conversion est digne d'estre récitée pour magnifier la miséricorde de nostre Dieu envers les siens, et nous apprendre à mettre en icelle toute nostre espérance. Comme ainsi fust que ce personnage eust receu des dons et grâces excellentes du Seigneur, non seulement quant au corps mais surtout quant à l'esprit, il en abusa en sa première jeunesse à toute intempérance et dissolution ! La santé et habileté du corps lui servait d'appétit pour suivre les choses de ce monde et commettre les œuvres abominables de la chair ; son esprit estait adonné non seulement à vanité, mais aussi à raillerie et mespris des choses de Dieu. Avint un jour qu'en continuant ses esbats, il se froissa et rompit quelques costes de la poictrine, et ne prouvoyant de remèdes à la convulsion, le corps lui devint bossu et du tout contrefait devant et derrière ; les parties inférieures destituées de nourriture ordinaire et convenable, petit à petit défaillirent ; bref, le Seigneur, pour reformer la créature esgarée, fit tomber sur lui un changement de corps et d'habile le rendit totalement débile et cassé de ses membres lui reservant seulement l'usage des bras et de la langue, comme dit est. Estant en ceste misère et n'apprehendant que la douleur qui le pressait, et la difformité de son corps, Dieu lui donna ouverture à la connaissance de sa vérité, par le moyen d'un homme fidèle, duquel Milon un jour s'estoit moqué, ainsi qu'il passoit devant la boutique de son père. Ce fidèle s'approchant de Milon lui dit : « Pouvre homme, pourquoi te mocques-tu des passants ? ne vois-tu pas que Dieu a en ceste façon courbé ton corps pour redresser ton âme ? » Milon fut estonné de ce propos, et commença de prester audiance à cest homme, lequel à l'instant lui présenta un nouveau Testament et dit : « Vois ce livre et d'ici à quelques jours tu me scauras à dire quel il te semblera. » Milon après avoir commencé à gouster le fruict de la lecture du nouveau Testament, ne cessa et nuict et jour de continuer en icelle et d'enseigner la famille de son père et ceulx qui venaient vers lui.

Le changement si grand et si subit de ce personnage, donna occasion à plusieurs de s'en emerveiller. Ceux qui le souloyent hanter pour ouyr les chants de musique et d'instruments qu'il touchait avec grace singulière, estoyent ravis, oyans ceste homme parlant tout autre langage qu'il n'avait fait auparavant. Environ six ans avant qu'il souffrist la mort, il fut détenu au lit et n'en bougea sinon que quatre personnes le remuassent. Estant ainsi au lict attaché, il enseignait quelque jeunesse en l'art d'escriture, en laquelle il estoit non pareil ; il gravait avec eau sur cousteaux dagues et espées et faisoit choses non usitées pour les orfevres, et de tout le gain provenant de ceci il en sustentait plusieurs poures et nécessiteux qui avoyent connaissance de l'Evangile. Il ne se lassait d'instruire et admonester ceux qui le venoyent voir, à raison de ces choses exquises et rares qu'il faisoit ; bref sa chambre estoit une vraye eschole de piété en laquelle la gloire de Dieu soir et matin retentissoit. Il ne faillit donc en ceste fureur de persécution estre des premiers apprehendez par Morin lequel pa-

ravant l'avait eu en ses prisons et dont le Seigneur le
délivra pour le reserver à la consolation des siens en
ceste aspre saison et pour rendre sa mort plus illustre.

Morin escumant sa rage et comme transporté d'esprit,
ne pensant qu'a executer sa cruauté entra en la chambre où estoit couché ce poure paralytique et lui dit :
« Sus, leuve toi. » Le paralytique n'estant effrayé du re-
gard de la face hideuse de ce tyran respondit comme en
se riant : « Hélas, Monsieur, il faudroit un plus grand
maistre que vous pour me faire lever ». Il fut soudainement levé et transporté par les sergeans, après que
Morin à la façon acoustumée eut ravi le meuble le
plus secret qu'il trouva en ladite chambre. On ne pourrait assez réciter le grand bien et la consolation qu'ap-
porta ce personnage aux autres prisonniers, car autant
estoit-il effrayé estant en la prison et devant les juges,
comme s'il eust esté en son lict. Qui plus est, il enduroit
lors toutes choses qu'on lui faisoit et le plus rude traitement qu'on lui sût faire au lieu que paravant estant
au lict, s'il n'estoit manié doucement et par des gens qui
avoient acoustumé de le lever, il criait aux attouche-
ments rudes, de la douleur qu'il sentoit en ses membres. On le condamna a estre bruslé à petit feu en la
place de Grève, (1) à laquelle estant mené, passa devant
la maison de son père. Les ennemis de la vérité furent
estonnez de la constance qu'eut ce tant admirable serviteur et tesmoin du Fils de Dieu, tant en la vie qu'en la
mort. »

Martyrologe, éd. Toulouse, I. 302-303.

(1) Erreur rectifiée par Driart.

Le 15 février 1535, c'est le tour d'Etienne de la Forge, natif de Tournai, maître du *Pellican*, rue St-Martin, accusé d'avoir trempé dans l'affaire des Placards, d'être étranglé et brûlé au cimetière St-Jean. Il était âgé de 50 à 60 ans, riche et estimé, dit Driart.

Le Martyrologe de Crespin confirme ce bon témoignage rendu au martyr par le moine de St-Victor.

15 *février* 1535. « *Estienne de la Forge*, natif de Tournay et résidant de long temps en la ville de Paris, exerçoit en icelle l'estat de marchandises en grande affluence de biens et bénédictions de Dieu ; de laquelle il n'estoit mesconnaissant ni ingrat. Car outre ce que son bien ne fut oncques espargné aux povres, il avoit en singulière recommandation l'annoncement de l'Evangile, jusques à faire imprimer à ses despens livres de la Saincte Escriture, lesquels il annonçoit et mesloit parmi les grandes aumosnes qu'il faisoit ; et pour instruire les pauvres ignorans. « Sa mémoire doit estre bénite (dit Jean Calvin au livre contre les Libertins au 4e chap.) (1) entre les fidèles, comme d'un vrai Martyr de la doctrine de Jésus-Christ » laquelle il signa par sa mort qu'il endura par le feu au cimetière Sainct Jean, peu de

---

(1) Cf. *Bull.* 1890, p. 257 et suiv.

Quand il parlait de ce personnage-là « dit Th. de Bèze, *Vie de Calvin*, p. 13, c'estoit toujours en lui rendant tesmoignage de grande piété, de bonne simplicité et sans fcintise, que c'estoit un marchand bien prudent et diligent, mais néantmoins de fort bonne conscience et vray chrestien. » Voir une lettre que lui adressa Farel, Herminjard, *Corr. des Réformateurs*, t. III, p. 166. *Bull.* XI, 256).

temps après les autres, pour une mesme cause de l'Evangile.

(*Martyrologe*, I, p. 304-305.)

Le 18 septembre de la même année, deux faiseurs de rubans de soie et de tissus furent brûlés vifs l'un à la place Maubert, et l'autre au cimetière St-Jean comme deux luthériens qu'ils étaient. Ils étaient jeunes et natifs de Tours. Ils avaient voyagé en Allemagne et en Flandre et en avaient rapporté un livre luthérien qu'ils donnèrent à garder à leur hôte en lui recommandant de ne le montrer à personne. Celui-ci ne put se tenir et le montra à un prêtre qui dit incontinent : « Voici un très mauvais livre et damné. » Mandés au Châtelet sur la dénonciation de leur hôte, les deux jeunes gens furent condamnés à faire amende honorable devant Notre-Dame, à avoir la langue coupée et à être brûlés vifs. On trouva qu'ils avaient apporté des livres d'Allemagne qu'ils voulaient faire relier et vendre à Paris.

Le 5 janvier 1547, Georges Dutertre eut la langue coupée et brûlée avec lui au cimetière St-Jean (1). Ce supplice atroce ne paraît pas avoir intimidé sa famille car, en 1564, il y a un Dutertre étudiant en théologie à Genève et on voit un Dutertre assassiné à la St-Barthélémy.

Deux ans après, le 8 mars 1549, dit M. N. Weiss, « on brûlait au cimetière St-Jean-en-Grève le chef d'une bande de jeunes gens qui avait été capturée par le prévot royal de Noyon, revêtu depuis le 22 novembre précé-

(1) N. Weiss, *Chambre ardente*, p. XL.

dent des prérogatives que l'édit de 1540 ne reconnait qu'aux baillis ou sénéchaux. Ces jeunes gens s'étaient donnés des noms empruntés surtout à l'antiquité classique : Hector, Narcissus, Troïlus, Priam, Ascanaïs, et le peuple les appelait ordinairement « les enfants sans souci. » Quelle mission s'était donnée ces sept écoliers dont les surnoms poétiques font songer à une confrérie de la bazoche ? Les deux arrêts qui les concernent nous apprennent seulement qu'ils possédaient des livres réprouvés, parlaient témérairement des saints et que leur chef, Jean Bourgeois, dit Hector, parut assez gravement compromis pour être torturé et brûlé vif. N'est-on pas ici en présence d'une association formée par la communauté des opinions nouvelles au sein de la jeunesse des écoles qu'elles soulevaient alors si puissamment ? (1) »

En tous cas, l'été de 1549 fut terrible pour les esprits libres et les novateurs de Paris. Il vit, entre autres, sur la même place le supplice de Peloquin.

Les « feux » n'intimidaient pas tous les hardis partisans de la réforme de l'Eglise — mais il n'est pas étonnant qu'ils aient déterminé bon nombre d'individus et de familles à chercher à l'étranger un refuge pour leur conscience. Etienne Peloquin fut brûlé pour avoir favorisé cette émigration. Voici ce que raconte de lui le *Martyrologe* :

« En la ville de Blois, il y a une maison bourgeoise assez ancienne des Peloquins, laquelle le Seigneur a voulu anoblir par deux frères issus d'icelle, les ayant

___

(1) *Ibid.* p. CIII.

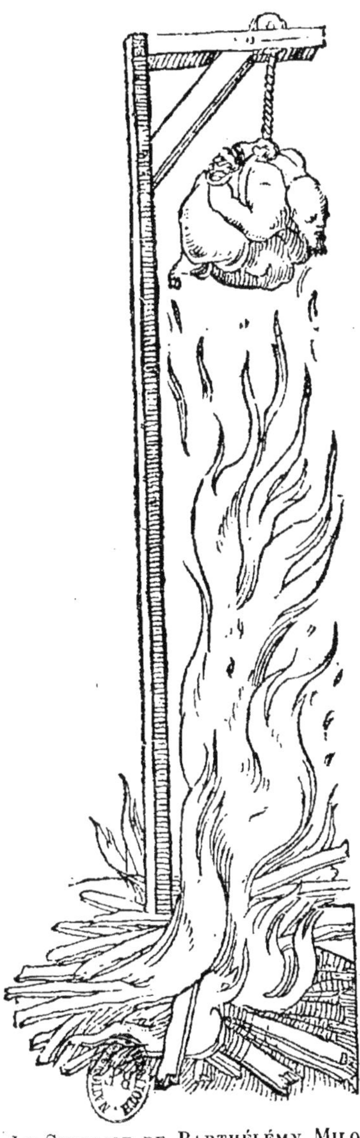

Le Supplice de Barthélémy Milon
(d'après Crespin).

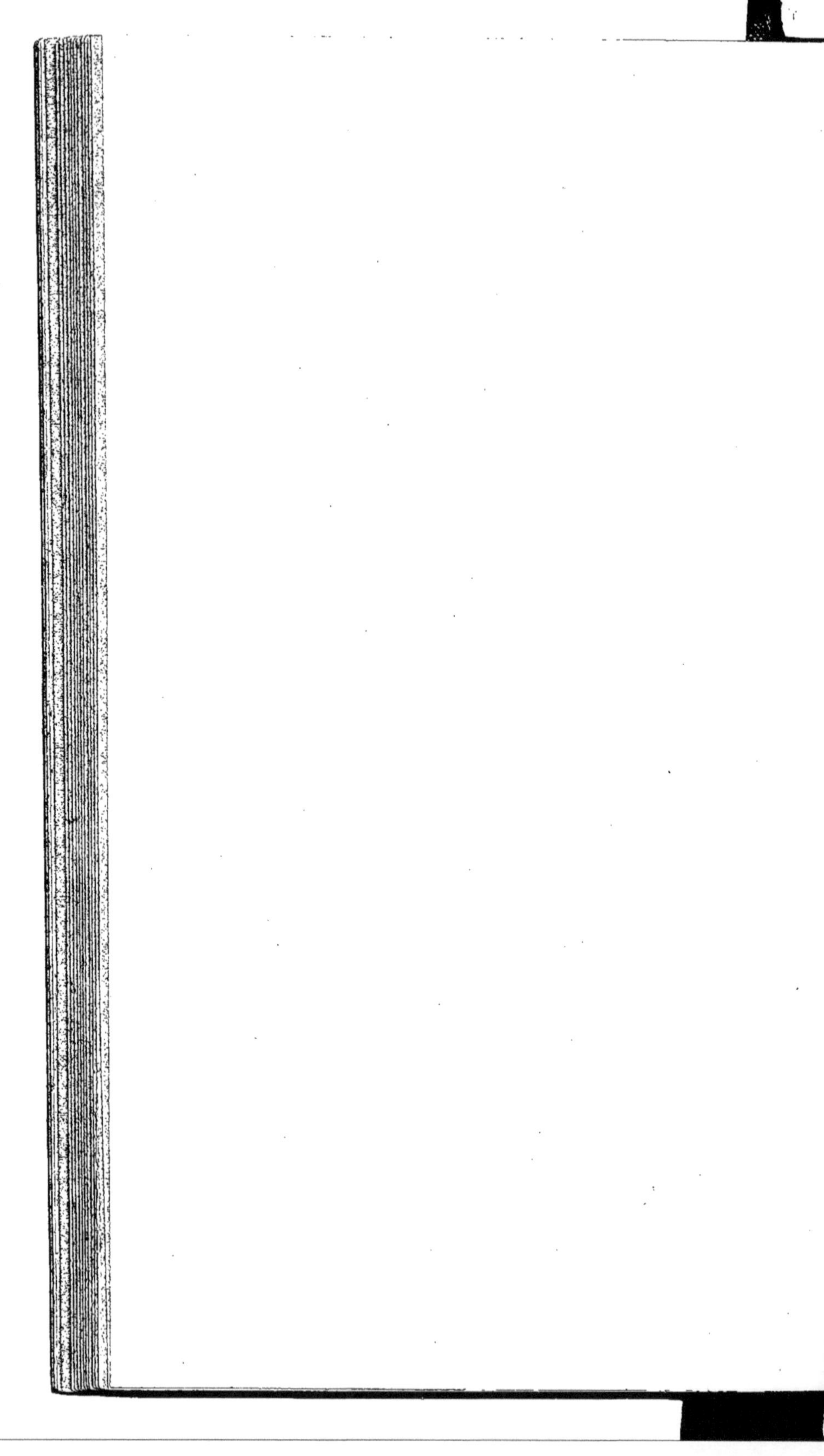

fait champions en l'ordre de son fils Jésus-Christ. Tous deux ont été instruits en la ville de Genève et d'icelle sont sortis pour aller au combat spirituel de sa querelle. Etienne, comme aîné de son frère Denis, fut mis en exploit le premier, étant sorti de Genève (où il avait sa famille) pour y amener et conduire quelques fidèles d'Orléans et de Blois. Mais le Seigneur qui par sa puissance admirable besogne continuellement et conduit tous les mouvements de ses créatures, arrêta tout court ce sien serviteur et toute sa compagnie à Château-Renaud (1) par un prévôt des maréchaux exécuteur de son décret — Anne Audebert (de laquelle ci-après sera décrit le martyre) était en la dite compagnie pour venir à Genève. Mais le chemin et le but de leur entreprise fut abrégé, et pour une cité et ville de refuge qu'ils cherchaient ici-bas, le Seigneur en donna une permanente et durable à jamais. Etienne fut mené de Château-Renaud à Paris ; où après avoir rendu témoignage à la vérité de l'Evangile, fut condamné par les conseillers de la Chambre qu'on a nommé ardente, du Parlement de Paris, d'avoir la langue coupée et d'être brûlé à petit feu. Le cruel tourment qu'il endura de courage tant résolu, en la place du cimetière St-Jean, étonna grand nombre de spectateurs de sa mort. »

Martyrologe, t. I. p. 537.

(1) Château-Renaud, dans l'Orléanais, à trois lieues de Montargis.

L'Abreuvoir   Popin

CHAPITRE V

L'Abreuvoir Popin

(Quai de la Mégisserie).

L'abreuvoir Popin. — Sa situation actuelle. — Le quartier St-Séverin.— Le martyre d'une institutrice.— La Catelle.

Si l'on se place rue des Lavandières St-Opportune, à l'endroit où cette rue débouche sur le quai de la Mégisserie, on a devant soi à quelques mètres à gauche, l'emplacement de l'ancien abreuvoir Popin. On a en face de soi le Palais de justice avec ses tours qui rappellent tout un passé de douleur et de larmes et à sa gauche le Pont au Change. Une ruelle venant de la rue St-Germain-l'Auxerrois conduisait à la Seine, en débouchant sous le quai de la Mégisserie. Sur la grève, il était bien facile de dresser une potence et d'établir un bûcher.

La ruelle Popin dépendait d'un fief de ce nom qui existait déjà au XIIe siècle et qui s'étendait fort loin vers le nord de la ville et ce fief avait une justice dont dépendaient les habitants des ruelles étroites qui se pressaient autour de la vieille église St-Séverin. C'est un des quartiers de Paris qui a le moins changé depuis le XVIe siècle.

Auguste Vitu en donne la description suivante : « En sortant de la rue St-Julien-le-Pauvre sur la rue Galande, quelques pas nous ramènent à la rue St-Jacques, au débouché de la rue St-Séverin, qui longe le mur septentrional de l'église de ce nom. Elle est placée et comme étouffée au centre d'un lacis extrêmement curieux de rues étroites et tortueuses, qui subsistent, comme par miracle entre les larges voies de la rive gauche. Une étroite place devant le portail s'étrangle sur la gauche en une ruelle qui s'appelle la rue des Prêtres, qui, en montant vers le boulevard Saint-Germain, prend le nom de la rue Boutebrie, s'adosse au tronçon qui subsiste de la rue de la Harpe et traverse la rue de la Parcheminerie, la plus étroite peut-être de Paris. » (1)

L'Eglise St-Séverin était déjà très ancienne. Elle porte le nom d'un solitaire qui vivait à Paris sous Childebert Ier. Séverin ayant vécu comme un saint, des miracles se firent sur son tombeau ; la tradition, du moins, le veut ainsi. La piété des fidèles, éleva un oratoire sur les lieux mêmes où le saint avait vécu. Détruite par les Normands, cette église primitive fut remplacée au XIe siècle par l'église dont la plus grande partie subsiste aujourd'hui.

(1) A. Vitu, *Paris*, p. 147.

D'autres regardent comme fondateur de l'église ce Séverin d'Agaune que Clovis aurait fait venir de Savoie et qui l'aurait, par ses prières, guéri d'une fièvre mortelle.

Quoi qu'il en soit, il y avait à Paris en 1535 un cordonnier qui habitait près de l'Eglise St-Séverin. En même temps que cordonnier, il était aussi maître d'école. Sa femme que les documents appellent aussi « maîtresse d'école » était communément appelée *la Catelle*. Le *Martyrologe* qui nous fournit son nom déclare savoir peu de choses sur elle. Il rapporte seulement qu'elle fut emportée par la tempête déchaînée par l'affaire des placards et qu'elle fut brûlée vive sur la place qui est au bout de la rue de la Huchette, autrement dit la place St-Michel d'alors (1). Mais nous croyons qu'il y a ici une erreur. C'était la justice de l'abbé de St-Germain des Prés qui s'exerçait place St-Michel. Or cette place se trouvait à la limite extrême de cette justice et le quartier St-Séverin n'en relevait plus.

Driart paraît, ici, mieux informé et plus précis. Il dit que *La Catelle* était maîtresse d'école de la paroisse St-Séverin, qu'elle avait 36 ans environ, qu'elle était luthérienne, qu'elle fut menée dans un tombereau devant Notre-Dame, puis, ramenée à l'abreuvoir Popin où elle fut pendue à une potence et laissée choir au feu toute vive. »

Le Journal d'un bourgeois de Paris nous rapporte un

(1) *Martyrologe*, éd. Toulouse, p. 3o5.

des crimes de la Catelle, elle mangeait de la chair aux vendredis et samedis. Quant à la *Chronique du roy François I*er elle ajoute qu'elle défendait à ses écoliers de dire leur *Ave Maria* ni aucune autre salutation à la Vierge Marie. (1)

L'auteur de cette Chronique est un prêtre qui n'aime pas voir les « luthériens » mourir impénitents. Il prétend que la pauvre institutrice se repentit, qu'elle confessa avoir erré avec plusieurs, qui depuis ont été exécutés à ce même temps, qui seraient longs à nommer, tant de ceux qui avaient attaché les placards que autres qui avaient erré en notre foi. »

Nous verrons qu'Erasme repoussait ces témoignages intéressés au sujet de prétendues abjurations tardives. Ici, la *Chronique* est prise manifestement en défaut puisque, au dire de Driart lui-même, la condamnée fut brûlée vive. Si elle avait fait le moindre acte de repentir, consenti seulement à répéter une prière à la Vierge, elle aurait, comme d'autres, bénéficié de l'étranglement préalable.

---

(1) *Chronique du roy François I*er, p. 112.

L'Arche et l'Abreuvoir Popin en 1840.

La Place de Grève et l'Hôtel-de-Ville en 1583.

La Place de Grève

CHAPITRE VI

La Place de Grève

Devant l'Hôtel-de-Ville.

La place de grève. — Origine de ce nom. — Bûchers et feux de joie. — Jacques Pouant. — Luc d'Aillon. — Louis de Berquin. — Milles Regnault. — Pierre du Ponat. — Anne Du Bourg.

« Elle est ainsi nommée, dit un vieil historien de Paris, à cause de sa situation sur le bord de la Seine, qui y laissait autrefois son gravier avant que son lit fût borné par les quais que l'on a fait depuis pour la retenir... La place de Grève est la plus connue de toutes les places de Paris, parce que c'est le lieu où le Prévôt des marchands et les échevins de la ville font faire leurs feux de joie et les autres réjouissances publiques dans les occasions avantageuses à l'Etat. C'est aussi le lieu où se font les exécutions des criminels, hors celles qui sont ordonnées dans les endroits où les crimes ont été commis. » (1)

(1) *Les curiosités de Paris*, 1719, p. 243.

L'auteur de ces lignes est trop absolu. Les exécutions, au moins au XVI° siècle, étaient ordonnées dans les endroits les plus divers selon les juridictions en mouvement. La justice de l'évêque par exemple ne s'exerçant pas au même endroit que celle du roi.

Le point sûr c'est que la place de Grève a vu, en effet, un nombre considérable d'exécutions.

« C'est en 1310 seulement, dit Edouard Fournier (1), que recommence l'histoire de la place de Grève, et par un de ces événements qui ne s'y renouvelleront que trop, par un supplice. Philippe le Bel y fait brûler, *le jour de la Pentecôte*, un prêtre de Beauvais convaincu d'hérésie, une femme qui propageait des écrits entachés de la même erreur, et un juif relaps .» Nous regrettons de ne pas connaître et de ne pouvoir donner le nom de ces malheureux. D'ailleurs, c'est aux martyrs du XVI° siècle que ce petit volume est consacré. Ils se recrutent surtout alors dans les rangs des premiers protestants.

Louis de Berquin, dit Edouard Fournier, (2) fut le premier qui paya de sa vie, en Grève, ses concessions aux doctrines condamnées. » C'est une erreur. La première victime « luthérienne » que vit la place de Grève, fut un jeune ecclésiastique du diocèse de Meaux que Guillaume Briçonnet, suspect lui-même et menacé, n'osa ou ne put tirer du feu.

Il s'appelait Jacques Pauvant, Pavan, Pavanes,

(1) *Paris à travers les âges*, de Hoffbauer.
(2) *Paris à travers les âges*, L'Hôtel de Ville, p. 18.

Pouent, on ne sait pas trop (1) et voici sa tragique histoire.

Jacques Pouent avait été entraîné, comme des milliers d'autres par le grand mouvement réformateur provoqué par l'acte de Luther affichant en 1517 ses thèses courageuses, résistant ensuite au pape et à l'empereur à Worms, et brûlant la bulle qui le condamnait. En France aussi, les meilleurs esprits pensaient que l'heure était venue de réformer l'Eglise. Des évêques même comme celui de Meaux, Guillaume Briçonnet s'étaient mis en tête de procéder aux réformes les plus urgentes. Il était

(1) Au XVIᵉ siècle, les ecclésiastiques et les docteurs s'appellent souvent par leur nom de baptême : maître François, maître Martin, ce sont les appellations courantes de Rabelais ou de Luther. A ce nom de baptême latinisé, on ajoutait souvent le nom d'origine. On s'est aperçu que le martyr appelé longtemps Jean Caturce, Jean de Caturce, se nommait simplement Jean Cahors, du nom de la ville dont il était originaire. Voyez à ce sujet : Léop. Delisle *Notice sur un registre des Procès-Verbaux de la Faculté de théologie de Paris*, 1889, p. 7, où il cite ce Jean Cahors qu'il n'identifie pas, mais que nous savons d'autre part, être le Jean Caturce du *Martyrologe* de Crespin.

De même, notre maître Jacques s'appelait *Jacobus Pavanus*, en français, d'après le même registre : Jacques Pouent (*ibid.* p. 28). Or, il était originaire de Bohan près Thérouane en Boulonnais. Je crois donc que Jacques se faisait appeler du nom de son village qui fut bien vite déformé, Jaques Bohan = Jacques Pouant. Les autres formes de son nom : Jacques Pauvan, Pauvant, Pavan, Pavanes sont des déformations de la forme latine du nom : *Jacobus Pavanus*. Rectifions en passant une légère erreur d'Herminjard (*Correspondance des Réformateurs*, t. I, p. 294) répétée par Doumergue (*Calvin*, t. I, p. 108). J. Pouant, originaire de Bohan, près Thérouanne, n'était pas de Picardie, mais du pays d'Artois.

dit le *Martyrologe* de Crespin (1) « fort affectionné tant à connaître la vérité de l'Evangile venant en lumière qu'à la notifier aux autres. »

Trouvant que les cordeliers de son diocèse n'enseignaient « qu'une vieille ânerie » et informé de leurs impostures et tromperies », il leur interdit la chaire et les remplaça par des gens de bien et de savoir : Jacques Lefèvre d'Etaples, Guillaume Farel, Michel d'Arande, Martial Mazurier, Gérard Roussel.... Parmi ceux que l'évêque de Meaux entretenait pour édifier ses diocésains il y avait un jeune clerc qui osa être plus logique et plus courageux que son protecteur lui-même et que beaucoup de ses collègues. Briçonnet n'avait pas tardé à reculer devant les premiers feux allumés. Martial Mazurier de même. Jacques Pouent, lui, fut accusé d'hérésie. Son évêque menacé lui-même n'osa le défendre et il n'est pas sûr qu'il l'aurait pu. Par décision du Parlement du 29 mars 1525, l'Evêque fut en effet condamné par le Parlement à abandonner ses droits sur son diocèsain et à « donner vicariat » à deux conseillers du Parlement et à deux docteurs de Sorbonne pour connaître et décider du crime de Pouent et d'un de ses collègues nommé Saunier. Pendant cette enquête, Pouent était enfermé à la Conciergerie du Palais.

Le *Martyrologe* de Crespin raconte que dans sa prison il fut sollicité par « des gens devenus froids » à renier ses idées. L'un de ces « refroidis », refroidis par le

______

(1) *Martyrologe*, éd. Toulouse, I, 263.

feu, était Martial Mazurier revenu des idées, hardies pour l'époque, qu'il avait professées quelques mois auparavant. « Vous errez, Jacobé, disait-il à son collègue, vous n'avez pas vu au fond de la mer, mais seulement au-dessus des ondes et des vagues. »

Impressionné par son ami, Jacques Pouent consentit à faire amende honorable devant Notre-Dame de Paris le 23 décembre 1525. Voici comment le *Journal d'un bourgeois de Paris* raconte la cérémonie.

« Audict an mil cinq cens vingt-cinq, la veille de Noël (1) (le samedi 23 décembre dit *Versoris*, avec raison) un jeune filz de la ville de Meaulz fist amende honorable, la teste nue et tenant la torche de cire ardente, devant la grande église de Nostre-Dame de Paris, en l'eschelle, criant à Dieu mercy et à Nostre-Dame de ce qu'il avait dit en ensuivant la secte de Luther ; et furent bruslez devant luy aucuns livres qu'il avait translaté de latin en français, tenant le party dudit Luther, lesquels il leust de mot à mot, en déclarant qu'ils étaient faulx et damnables, et furent iceulx bruslez en sa présence ; et de là il fut mené pour estre par long espace de temps prisonnier es prisons des Célestins, au pain et à l'eau. Et fut ce faict par arrest de ladicte cour de Parlement. Et s'il ne se fut desdit des paroles et choses qu'il avait dictes, il eust esté bruslé et se nommait... » (2)

---

(1) Ce qui veut dire l'avant-veille selon la manière de l'auteur. Cf. *Journal d'un bourgeois de Paris*, éd. Bourilly, p. 233.

(2) Le nom manque dans le ms., mais il s'agit bien de Jacques Pauvant ou Pouent.

Le crime de Jacques Pouent était donc d'avoir professé les idées de Luther et d'avoir traduit en français quelques-uns de ses livres. Puis il avait eu pitié de sa jeunesse et s'était rétracté. Il n'avait été condamné alors qu'à sept ans de réclusion dans les prisons de Saint-Martin des Champs. Mais sa conviction intérieure fut la plus forte. Dans sa prison, il revint sur ses rétractations et « se repentant avec larmes et soupirs », il fut rempoigné » et brûlé vif place de Grève (1) le 28 août 1526 sans qu'on ait pu obtenir de lui qu'il fît amende honorable. On a conservé une lettre du jeune réformateur, datée du 5 oct. 1524. Il était alors plein d'ardeur. Il racontait à Farel ce qui se passait à Paris et à Meaux. Les idées nouvelles y étaient en grand progrès. « Dieu veuille, s'écriait-il, que la parole de l'Evangile puisse régner ici même et dans toutes les parties du monde ! »

Le bûcher de la place de Grève vint bientôt répondre à ces vœux. « M. Jaques » s'était ressaisi. Il mourut avec une admirable constance et en parlant au peuple, si bien que le théologien Pierre Cornu déclarait « qu'il voudrait avoir coûté à l'église un million d'or et que l'on n'eût jamais laissé parler Jacques Pauvant devant le peuple.» Sa mort, disait-il encore, lui a fait tant d'adhérents qu'il n'est plus possible de les détruire. » (2)

(1) N. Weiss dit place Maubert, mais c'est un *lapsus calami*, Cf. *Bull.*, 1894, p. 257.

(2) Cf. Herminjard, *Corresp. des Réf.* t. I, p. 293, 294.

Théodore de Bèze a célébré la constance du jeune « luthérien ».

> Dieu fait sa grandeur connaître
> Et sa sagesse paraître,
> Et sa puissance sentir
> A ce monde qui l'oublie
> Par la faiblesse et folie
> Qu'il en tire et fait sortir.
>
> .   .   .   .
>
> Pavanes dedans la flamme,
> Triomphe du monde infâme,
> De l'erreur et de la mort (1).

Telle fut la première victime protestante que vit brûler la place de Grève et l'Hôtel de Ville naissant de François Ier.

On sait que l'on trouva un bon moyen d'empêcher les martyrs de confesser leur foi et d'appeler des auditeurs à leur idées. La cour de Parlement sut pourvoir à l'inconvénient. Elle décida que les hérétiques obstinés devaient avoir la langue coupée préalablement. Mais leurs yeux levés au ciel parlaient encore pour eux.

Le second protestant brûlé en Grève s'appelait Luc d'Aillon. C'était une « protonotaire » frère de M. de Lude. On racontait qu'il fréquentait la cour, qu'il avait demeuré à Rome au service du pape Clément et qu'il était « menodour » (2). Il semble bien en effet qu'il ait été

---

(1) *Les vrais pourtraits*, 1581 pp. 165-166, cité par N. Weiss, *Bull.* 1894, p. 257.

(2) Minuteur, selon une suggestion de Bourilly, c'est-à-dire chargé de «minuter» les bulles papales. Cf. *Journal d'un bourgeois*, éd. Bourilly, p. 265.

quelquefois l'intermédiaire de la correspondance qu'é-
changeait Marguerite de Valois avec Guillaume Briçonnet (1). Une de ses sœurs, Louise d'Aillon, la grand'-
mère de Brantome, était dame d'honneur de Marguerite
de Valois.

Mais c'était en 1527, et l'une des clauses du traité de
Madrid, signé quelques mois auparavant obligeait
François Ier « à se bander contre le Turc et contre l'hérésie de Luther ». Rien ne pouvait sauver Luc d'Aillon
qui fut condamné à faire amende honorable devant
Notre-Dame. Il s'y refusa énergiquement et l'exécuteur
de la haute justice dut le faire en son nom. Il fut ensuite mené en Grève, étranglé à un poteau et brûlé avec
son procès (2).

C'était le 4 mars 1527. Luc d'Aillon avait 36 ans.

Mais la plus illustre victime que la place de Grève ait
vu sacrifier aux passions de l'intolérance, fut certaine-
ment Louis de Berquin.

Louis de Berquin était un gentilhomme de la cour de
François Ier. Il descendait d'une famille flamande dont
le domaine de Vieux-Berquin (3) était situé près de la

(1) Cf. *Bull.*, 1894 p. 443.

(2) Voyez *Journal d'un bourgeois de Paris*, éd. Bourilly, p. 265;
et *Chronique parisienne*, de Pierre Driart, p. 124.

(3) On a cru longtemps, sur la foi d'un texte mal lu, que Berquin se trouvait dans la Somme près d'Abbeville. M. Paul Beu-
zart (*Les hérésies pendant le moyen-âge et la Réforme dans la
région de Douai, d'Arras et du pays de l'Alleu*, Le Puy, 1912, p.
140), a rectifié ces vues erronnées. Il aurait pu citer encore un ex-
trait des délibérations de la Faculté de théologie de Paris, publié
par Léopold Delisle et qui constate bien que Berquin était flamand,
Flamigius natione (Cf. *Notice sur un registre de procès-verbaux
de la Faculté de théologie de Paris*, p. 47).

frontière de l'Artois et faisait partie de la châtellenie de
Cassel en Flandre qui appartenait à Charles-Quint.

On peut bien dire que Berquin était l'honneur de la
cour de François Ier. Savant et pieux, ouvert aux bonnes lettres, catholique pratiquant, en relations avec les
lettrés de la Renaissance, il leur avait emprunté leur
culture sans renoncer à sa vie religieuse. Resté céliba-
taire, il avait gardé une pureté de mœurs à laquelle
Erasme qui l'appréciait beaucoup, a rendu un vif hommage (1). François Ier l'aimait, et Marguerite de Valois
l'appréciait fort. Dès 1512, son autorité était grande dans
les cercles pieux et lettrés d'alors. Quand le mouvement
de la Réforme se dessina, Berquin lui donna un assen-
timent enthousiaste. Le besoin d'une réforme de l'Eglise était criant. Berquin ne pouvait pas l'ignorer. S'il
souriait avec Erasme de l'ignorance et de la bigoterie
des moines et du clergé, il sut apprécier aussi les efforts
courageux de Luther ou de Melanchton pour le relèvement de l'Eglise. Pour faire bénéficier la France du
généreux mouvement qui entraînait tant d'esprits excellents, il se mit à traduire en français divers écrits po-
lémiques d'Erasme lui-même, de Luther, de Melanchton.

Berquin n'était pas seul dans ces idées. De grands
personnages comme Briçonnet, l'évêque de Meaux,
songeaient à une réforme au moins partielle d'une église vieillie qui avait besoin d'un sang nouveau.

(1) Lettre à Uttenhove, du 1er Juillet 1529. *Erasmi Opera*, t. III.
p. 1207.

Le plus célèbre professeur de l'Université de Paris, Lefebvre d'Etaples, s'efforçait de remettre en honneur les livres bibliques, les idées d'Augustin sur la justification par la foi. A l'apparition des premiers petits livres de Luther contre les indulgences, la messe ou la Captivité de Babylone, on les avait lus, colportés avec empressement. Des hardiesses nouvelles apparaissaient dans les chaires. Dans les cellules de beaucoup de moines augustins, on trouvait les opuscules du réformateur allemand. La cour paraissait gagnée par le mouvement. La reine-mère Louise de Savoie parut un moment toute anticléricale. François Ier lui-même, s'était mis à la lecture. Sa sœur, Marguerite d'Alençon, protégeait les savants, les esprits hardis, les réformateurs de l'Eglise, les amis de l'Evangile qu'elle lisait elle-même assiduement. Beaucoup de seigneurs .et de grandes dames avaient été entraînés, Morelet du Museau, Gaillard de Longjumeau, Madame d'Entragues-Malesherbes, née de Montaigu et bien d'autres.

La Faculté de théologie, la Sorbonne n'avaient pas tardé à s'émouvoir et à entraîner le Parlement où siégeaient d'ailleurs beaucoup de ses membres. Noël Bédier, doyen de la Faculté de théologie, était un des plus fougueux réacteurs.

En 1521 déjà, la Sorbonne avait condamné les écrits et les idées de Luther. Le nom même de Luther effrayait encore beaucoup des partisans des idées nouvelles. Soumis à des influences contraires, le jeune roi soignait sa popularité en prenant part ostensiblement à des manifestations religieuses éclatantes tout en s'efforçant de contenir la Sorbonne et le Parlement.

Enfin, en janvier 1522, le roi et son conseil décidèrent qu'un concile gallican serait tenu dans toutes les provinces archiépiscopales et qu'on s'y emploierait à « réformer l'église », à « ôter beaucoup d'abus », à pourvoir aux bénéfices vacants et à empêcher enfin que les revenus de ces bénéfices ne sortissent du royaume.

Il y avait dans ce plan de quoi contenter tout le monde.

C'est en vertu de cette disposition générale que le Concile de l'archevêché de Sens se réunit à Paris. On sait que l'évêque de Paris n'était encore à cette époque que le suffragant de l'archevêque de Sens. Le concile se réunit à Paris, à Notre-Dame, le 10 mars 1522, sous la présidence d'Etienne Poncher, archevêque de Sens.

Le concile ne pouvait pas oublier le péril « luthérien. » Le 22 mars, en effet, nous le voyons remontrer à la cour du Parlement que des plaintes ont été faites contre deux libelles récents que l'on expose publiquement en vente, tant au Palais qu'en ville, et s'élevant entre autres, contre le célibat des prêtres. Le concile avait prononcé des censures d'excommunication contre les imprimeurs et les vendeurs et il demandait au Parlement de les poursuivre au civil, de défendre la publication et la vente de n'importe quel libelle concernant la Ste-Ecriture et la religion chrétienne sans qu'ils aient été visités par la Faculté de théologie. La Cour y consentit et fit défendre à son de trompe la vente et l'achat de ces libelles dangereux. Ceux qui les possédaient, devaient *sans délai* les déposer au greffe de la cour. Le Parlement décidait en outre de faire une enquête pour savoir qui avait apporté, imprimé et fait vendre ces livres.

Cette mesure qui provoquait des visites à domicile devait faire bien des victimes. Elle ne devait pas tarder à atteindre Louis de Berquin qui ne cachait guère ses opinions.

Dans une visite faite le 13 mai 1523, on trouva chez lui des livres suspects. Il y en avait de diverses sortes. Il y avait des traductions de Luther et de Melanchton, par Berquin lui-même et des ouvrages des fameux hérétiques. Le 8 juillet, Lizet fit un rapport dans lequel il demandait à la Cour de décider que tous les livres de Luther que l'on trouverait en ville, devraient être apportés au greffe et il en fut ainsi décidé le 8 juillet (1).

Le 11 juillet, Berquin comparaissait devant les enquêteurs, les conseillers A. Verjus et Jean Vérier. Il est entendu le 1er août par la Cour elle-même, et ce même jour, il est enfermé dans la tour carrée du Palais. Le 5 août, il est remis à l'évêque de Paris, qui devra commettre deux conseillers et deux docteurs pour lui faire son procès. L'enquête aboutissait à des poursuites. Mais ses amis veillaient. Ils craignaient pour lui le sort qui allait être réservé à un pauvre ermite de l'abbaye de Livry, Jean Vallière, chez qui on avait aussi trouvé des livres défendus. Le jour même où Jean Vallière expiait ses espoirs de réforme sur le bûcher du Marché aux Pourceaux (8 août 1523), le capitaine Frédéric de

(1) Arch. nat. *Parlement*, reg. LXIIII, f° 286. Bibl. nat. n. a. fr. n° 2128.

la garde royale, arrivait au Parlement porteur d'une lettre du roi qui évoquait l'affaire à son Conseil. Il avait ordre d'emmener le prisonnier et de procéder par la force si on résistait. La Cour répondit que Berquin n'était plus prisonnier de la Cour, mais de l'évêque de Paris, et, derrière cette échappatoire, elle laissa emmener son prisonnier. On ne put pas brûler Berquin ce jour-là. On se rattrapa sur ses livres (1). Berquin était libre. Que devait-il penser du malheureux ermite augustin sur qui la faveur du roi ne s'était pas étendue ? Pendant qu'il était recueilli au Louvre, on brûlait à deux pas de là le pauvre ermite normand.

Berquin était un homme courageux. Il continua sa propagande sans se laisser intimider. Le Parlement fut-il intimidé lui-même par l'intervention énergique de François Ier ? C'est possible. Car nous le voyons autoriser le 1er janvier 1524, l'impression de certains livres d'Erasme. Mais il continue ses sévérités à l'égard de Luther et de ses adhérents. Berquin lui-même, n'avait échappé que pour un temps, et, dès que les circonstances le permirent, il fut ressaisi.

Berquin, comme beaucoup de ses amis, devait être par contre coup, la victime des malheurs publics.

Le règne de François Ier, brillamment commencé, avait vu se produire de douloureux revers dûs aux imprudences royales. La perte de la bataille de Pavie, l'emprisonnement du roi, avaient fait régner la terreur à Paris.

(1) Pierre Driart confirme le fait.

A qui imputer les malheurs de la France ? Au roi, à ses conseillers ou à ses agents ? Non pas. La voix publique y voyait la main de Dieu punissant ceux qui avaient laissé « pulluler » en France ceux de la secte luthérienne. Le dimanche, 19 mars 1525, on trouva dans plusieurs chaires de Paris, le placard suivant :

« Peuple français, si vous voulez avoir de brief, bon-
« ne et ferme paix, il vous faut premièrement ôter
« l'empêchement d'icelle, et si vous le voulez savoir,
« c'est Madame Ambition, avec son chancelier rempli
« de toute hérésie *in-corde* et de toute infection, car, par
« leur obstinée et damnée vindication, ils sont cause
« que votre chef et aucuns de ses principaux membres
« sont en cette grande désolation et, qui pis est, ils ont
« mis ce noble royaume en la balance de toute destruc-
« tion, et pourtant ledit chancelier est digne de toute
« punition, laquelle si, de brief, n'est mise à exécution,
« vous aurez des maux encore un million, et afin qu'il
« ne vous semble que je mente, je suis dame Vérité
« qui parle aux amateurs de Justice. »

De toutes manières, les passions cléricales s'efforçaient d'exciter le peuple contre les novateurs et contre le roi que l'on accusait de connivence, ou tout au moins de faiblesse. Un docteur bénédictin, dom Josse, avait été mis à la Conciergerie parce que dans le cours de l'année 1524, il avait mal parlé du roi dans ses sermons, à Paris et ailleurs. Ce crime de lèse-majesté humaine, fut moins puni que simple fait de posséder et de lire des livres de Luther. Les amis de l'*ordre* ont de ces inconséquences. Lire Luther, c'était une « rébellion » digne de mort, attaquer le roi en chaire, c'était peu de chose. Dom Josse en fut quitte pour une année de prison environ.

Les chaires ne suffisant pas, les ennemis des idées nouvelles avaient aussi fait pleuvoir une nuée de plaquettes contre l'honneur du roi. Le 20 mars 1525, on relâcha ceux qui avaient été arrêtés comme imprimeurs et auteurs de ces libelles.

Par contre, les sévérités contre les « luthériens » reprirent de plus belle. Le Parlement profitait de l'absence du roi pour relâcher ses calomniateurs et pour poursuivre les partisans de la réforme de l'Eglise, tous englobés sous le nom de « luthériens ».

Le Parlement et la Sorbonne, ont presque le même personnel et, en tous cas, le même esprit. Ensemble, ils incarnent l'esprit de réaction et de répression impitoyable. L'absence du roi leur donnait libre carrière. Ils surent en profiter.

Il s'agit de donner des juges aux hérétiques. Jusqu'ici, à Paris, une seule exécution d'hérétique a eu lieu, celle de Jean Vallière. Et malgré les poursuites, les interrogatoires, les internements, la secte luthérienne pullule dans la capitale comme dans les provinces. Le roi a fait relâcher l'un des plus notoires propagateurs des idées nouvelles, Louis de Berquin. Le roi, sa sœur, sa mère peut-être, protègent le groupe suspect de Meaux, Briçonnet, Lefèvre, Michel d'Arande, Gérard Roussel, Farel, Toussain, Mazurier. Mais, depuis le désastre de Pavie (24 février 1525), le roi est captif. Il sera plus facile d'intimider sa sœur. Quant à la Régente, elle ne voit qu'une chose, les intérêts de son fils. Elle acceptera tout ce qui lui paraîtra les servir.

La première chose à faire, est de donner des juges aux hérétiques obstinés qui se répandent partout à Paris et dans le royaume. Pour Paris, le Parlement institue le 20 mars 1525 (n. s.), une commission formée d'un Président aux enquêtes, d'un conseiller clerc et de deux docteurs en théologie pour faire le procès des hérétiques. Il ordonne en outre, que l'évêque de Paris sera tenu de leur donner vicariat dans ce but.

La Régente approuva l'institution de cette commission et elle demanda même au pape de l'approuver. Ce qu'il fit.

Il fallait aussi purger la province. Dans ce but, la cour ordonna que les archevêques de Lyon et de Reims, les évêques de Meaux, Orléans, Paris, Châlons, Amiens, Angers, les chapitres de Sens et de Bourges, donneraient vicariat, c'est-à-dire délégueraient leurs pouvoirs à la Commission du Parlement de Paris, pour faire le procès de ceux qui enseignaient les hérésies de Luther. Les prélats en question seront contraints à cette délégation de leur autorité par la saisie de leur temporel. Quant aux décisions de la Commission du Parlement, elles seront exécutoires, nonobstant tout appel, *semota executione a diffinitiva*. Il fut retenu dans l'esprit de la Cour *in mente curiæ* que tous les exploits que feraient lesdits « vicaires », c'est-à-dire les quatre commissaires du Parlement, seraient expédiés au greffe

de la cour comme s'ils étaient décernés par la Cour elle-
même.

C'est ainsi que l'honneur, les biens, la vie de milliers
de citoyens étaient remis par une législation d'exception entre les mains de quatre juges dont trois étaient
ecclésiastiques et devaient apporter dans l'exercice de
leur charge les passions de leur ordre surexcitées par
l'ardeur de la lutte d'idées qui commençait.

Mais, parmi les évêques, il y en avait qui savaient
mieux que personne, combien la réforme de l'Eglise
était urgente.

Et ceux-là répugnaient à une répression qui risquait
d'atteindre les meilleurs de leurs prêtres ou de leurs
paroissiens. C'est pourquoi nous voyons le 8 avril 1525,
le Parlement faire parvenir à la Régente des remontrances au sujet des hérésies. Il se plaignait que quand il en
avait voulu faire justice, les coupables avaient tout élu-
dé tant par évocations que pour avoir été tirés des prisons par puissance absolue (1). Il exposait donc qu'il
serait à propos de faire exécuter les arrêts prononcés,
de révoquer les évocations et que , pour « procéder »
contre les évêques et autres prélats coupables ou véhé-
mentement suspects, la Régente obtînt un rescrit du
pape et qu'elle-même envoyât des lettres-patentes aux
cours souveraines pour contraindre les prélats défail-
lants à commettre les vicaires qui leur seront désignés
par ces cours de manière que les parlements puissent
procéder contre les coupables nonobstant toutes évocations.

(1) Allusion à l'acte du roi faisant élargir Berquin de sa propre
autorité.

La Régente, intimidée par l'agitation de Paris, les prédications anti-luthériennes, la guerre des placards contre son fils, dut céder à ces remontrances et le 28 avril 1525 le comte de Guise écrivait aux députés du Parlement qu'elle leur accordait d'écrire au pape pour obtenir un bref contre les luthériens.

Le pape fit diligence. Le 17 mai déjà, la Régente recevait un bref du pape, adressé au Parlement, par lequel il confirmait ce qu'il avait fait et la commission qu'il avait instituée « pour juger souverainement les hérétiques ». La reine le transmit à la cour le 20 mai ; elle mandait en même temps qu'on souffrit que lesdites bulles qui accompagnaient le bref fussent exécutées (1)

Le 17 juin de la même année, le Parlement faisait pieusement enregistrer un nouveau bref du pape dans lequel celui-ci le louait du soin qu'il avait eu d'extirper les hérésies de Luther et le conjurait de continuer.

Il continuait au moment même. Le 8 juin, il était averti qu'il était venu d'Angleterre un Jacobin « qui tenait l'hérésie de Luther ». Elle « pullulait » aussi dans ce pays d'après les informations reçues par la Cour. Le Parlement commit aussitôt deux présidents aux enquêtes, un conseiller et deux docteurs pour interroger le jacobin anglais qui s'appelait Egerton. Il comparut en effet le 10 juin. Le 8 novembre, il était encore en prison sous la garde de l'abbé de Ste-Geneviève malgré les réclamations « des ambassadeurs d'Angleterre » qui demandaient qu'il soit délivré « selon le traité de paix. La

(1) Ce bref constitue une des *Preuves des libertés de l'Eglise gallicane*. Cf. p. 1086.

cour décida simplement d'en écrire à la Régente ce dont, paraît-il, les ambassadeurs se contentèrent. Egerton fut élargi le 20 novembre. Sa qualité d'anglais l'avait fait échapper au bûcher.

Ainsi la puissante machine qui devait broyer la Réforme française naissante était montée.

Il nous reste à la voir fonctionner.

Les registres du Parlement pour l'année 1525 se ressentent de l'absence du roi. Ils sont pleins de délibérations relatives aux hérésies du temps.

La Cour avait pour elle le peuple et une grande partie des moines. En août 1525, les Cordeliers, par exemple, demandent au Parlement que « pour faire justice au fils de Dieu, on défendît de prêcher ou dire chose qui tende à détourner la dévotion envers la Vierge et les saints, de mettre leurs images, de lire leurs vies et vénérer leurs reliques et l'union de l'Eglise. » (1)

C'était dénoncer aux sévérités de la Cour Briçonnet et ses amis qui appelaient l'attention des fidèles sur Dieu, Jésus-Christ, la Bible (2) plus que sur la Vierge et les saints.

Briçonnet riposta en faisant demander au Parlement, le 19 août 1525, qu'on informât si, dans son diocèse, il y avait des abus touchant la foi. C'était sa réplique aux Cordeliers dont la conduite donnait prise ouverte à la critique.

(1) La Faculté de théologie fait la même demande le 19 août 1525.

(2) La traduction française du Psautier par Lefevre avait paru le 17 février 1525, chez Simon de Colines.

L'heure était grave pour l'évêque de Meaux et ses derniers amis, car leur protectrice Marguerite de Valois était partie le 8 août pour Madrid. Aussi, pendant tout ce mois d'août, le Parlement est-il très actif contre les hérétiques. Le 29, on s'occupe du Commentaire de Lefèvre sur les Evangiles. Les « gens du roi » y relèvent onze propositions hérétiques. La Faculté de théologie avait voulu les condamner mais on le lui avait défendu, et elle l'avait fait savoir au Parlement qui l'engagea à reprendre l'ouvrage et à le censurer *censu doctrinali* « à la barbe de tout homme. »

Pendant ce temps que faisait le roi ? Mis au courant par sa sœur sans doute, il défend au Procureur-général, le 1er septembre 1525, de poursuivre la censure des livres de Lefèvre. Mais l'avocat-général ne se laisse pas arrêter par cet ordre royal. Il rappelle que le Parlement avait défendu de prêcher aucune doctrine luthérienne et il persiste à demander la censure des livres de Lefèvre « par provision » dit-il, à cause du scandale qu'ils font et il insiste pour que la censure raisonnée de la Faculté de théologie soit envoyée au roi ou à sa mère « pour en être par eux ou la cour ordonné. »

Si Briçonnet qui avait ouvertement pris parti contre Luther dès le 15 octobre 1523, pouvait être ainsi inquiété, ses anciens amis pouvaient trembler aussi. Les poursuites commencées engagèrent Lefèvre, Gérard Roussel et Michel d'Arande, à suivre l'exemple de Farel et de Toussain et à se réfugier à Strasbourg.

D'après les registres du Parlement, il semble que Berquin ait été emprisonné de nouveau en octobre

1525 (1). Réussit-il à s'enfuir, ou fut-il une fois de plus délivré par le roi ? On ne le sait encore. En tous cas, il est certain qu'il était à la fin de 1525 tantôt dans son domaine de Berquin en Flandre, tantôt chez un de ses amis et voisins le seigneur de Rambures dans l'évêché d'Amiens. Naturellement, il avait propagé ses idées dans cette région, car, déjà à la fin de l'année 1523, le 23 décembre, la Cour informée qu'un chanoine de l'église d'Amiens, nommé J. Morand, avait prêché des propositions luthériennes, prit des informations et décrèta prise de corps contre lui en ordonnant que le chapitre d'Amiens donnerait vicariat pour faire son procès au chanoine incriminé. Elle enjoignait de plus au bailli d'Amiens de faire information au sujet de ceux qui seraient suspects de l'hérésie luthérienne et d'en avertir la cour. En tous cas, les 8 et 10 janvier 1526, le Parlement de Paris s'occupe de nouveau de Berquin à la requête du procureur général et de l'évêque d'Amiens. Il ordonne que Berquin soit saisi au corps *etiam in loco sacro* et amené à la Conciergerie. Arrêté chez lui (2), Berquin fut amené deux jours après à Paris et enfermé de nouveau, en effet, à la Conciergerie. Le 23 javier 1526, la cour ordonna au Senéchal de Ponthieu ou à son lieutenant à Abbeville, de prendre et saisir tous les livres appartenant à Berquin tant dans la maison du sieur de

(1) 13 octobre 1525. Remontrances au roi touchant Berquin prisonnier.

(2) Je ne crois pas que cette arrestation ait eu lieu le 8 janvier 1526 comme le dit Bordier (art. Berquin, dans la *France Protestante*), car l'ordre d'arrestation est du 10 janvier.

Rambures, à Abbeville que dans le château de Rambures et de les envoyer au greffe de la cour (1). Du 7 au 12 mars, on reprit l'examen de ses œuvres. Mais Berquin a, malgré tout, conservé des amis à la cour. Par deux fois la Régente mande aux juges de surseoir à son procès jusqu'au retour de François Ier.

Celui-ci était en route. A Bayonne, le 18 mars 1526, il reçut des plus fraîchement le Président du Parlement qui était venu le saluer. Il en veut visiblement à ceux qui se sont montrés si indulgents à ceux qui l'ont publiquement attaqué et qui s'acharnent à poursuivre pour des idées quelques-uns de ses amis. Il se plaint de leur malveillance et il désigne clairement Noël Bédier, syndic de la Faculté de théologie, Guillaume Duchesne, curé de St-Jean en Grève, le prieur des Chartreux, le prieur des Jacobins. Il entend de même qu'on suspende le procès fait aux autres suspects d'hérésie, Gérard Roussel et Lefèvre, entre autres. Berquin rassuré par cette protection, écrit à Erasme, le 17 avril 1526, une lettre enjouée : « Voilà de nouveau les frelons en colère. Ils m'ont encore accusé d'hérésie parce que j'ai traduit en français, quelques-uns de vos ouvrages. J'ai flairé ce qu'ils machinaient : c'est de faire brûler, s'il plaît aux Dieux, les livres d'Erasme et avec eux Berquin, si Berquin ne les désavoue pas. Je n'ai rien abjuré, et j'ai soutenu au contraire que, pour un homme bienveillant et de bonne foi, il n'y a pas l'ombre d'une hérésie dans vos œuvres..»

(1) *Arch. nat.*, X¹ 1529, f. 94.

Berquin se croyait sûr de sa délivrance, mais les adversaires ne désarmaient pas. A la lettre sévère écrite par le roi, Noël Bédier répondit habilement en prétendant qu'Erasme avait écrit au roi des lettres « fort diffamatoires » (1). Ce qui n'était pas vrai. Erasme était intervenu en faveur de Berquin avec une décision que l'on n'aurait pas attendu d'un homme dont le caractère n'égalait pas l'immense talent. Mais il l'avait fait en termes dignes de sa cause. Bédier se plaignait en outre, de Louis de Berquin et affirmait que les « erreurs de Luther et autres qui pulullent en ce royaume y étaient entrées plus par les livres d'Erasme et de Lefèvre, que par ceux d'aucun autre... au surplus, Bédier se déclarait prêt à obéir.

Pendant ce temps, Berquin restait toujours en prison. Il finit par y tomber malade et le roi se décida à envoyer deux archers pour l'amener au Louvre. A la demande de Marguerite de Valois, le duc Anne de Montmorency, le mit en pleine liberté. Ravie de la délivrance de son protégé, Marguerite écrivit au duc : « Je l'estime autant que moi-même et vous pouvez dire que c'est moi que vous avez tirée de prison. »

Un autre, à la place de Berquin, se le serait tenu pour dit. Mais, persuadé comme il l'était d'être dans la vérité, il reprit la lutte. Pour lui, c'est Bédier qui était l'hérétique. Il réussit à faire envoyer par le roi au Par-

(1) Lettre du 7 avril 1526, X¹ A 1529 reg. LXVII, f. 198 B. nat. n. a. f. 2130.

6

lement 92 propositions tirées des écrits de Bédier contre Lefèvre, qui n'étaient, disait Berquin, que des impiétés et des faussetés.

Les Magistrats examinèrent les propositions en question, mais, cette fois, ne se prononcèrent pas.

Ce coup d'audace désignait plus que jamais Berquin à la haine de la Sorbonne et du Parlement. Le parti des vieilles fables s'agita autour de François Ier pour l'inquiéter, lui faire peur. On lui montrait que la terrible guerre des Paysans en Allemagne, avait été une conséquence des idées de Luther. Là-dessus quelques exaltés des idées nouvelles mutilèrent le lendemain de la Pentecôte une statue de la Vierge qui se trouvait rue St-Antoine. Ce fut dans le peuple un sursaut de colère contre les blasphémateurs. Obligé de ménager sa popularité, et partageant lui-même, très probablement, les idées du temps sur ce « sacrilège », François Ier s'associa à la procession expiatoire destinée à rétablir l'honneur et le crédit de la statue mutilée.

L'heure était bonne pour reprendre les poursuites suspendues contre Berquin. Les quatre délégués du pape ne laissèrent pas passer l'occasion. L'examen des livres de Berquin se déroula d'abord comme une enquête contradictoire. Le prévenu venait librement au Palais. Mais vers le 7 mars 1529 on le retint tout à coup, et là-dessus, un incident fâcheux pour lui vint aggraver sa situation.

L'un de ses valets qu'il avait envoyé porter chez un

ami des livres et des papiers, s'évanouit sur le Pont-au-Change, au pied même d'une statue de la Vierge.

Il y avait là, évidemment, une intervention miraculeuse. La Vierge avait dénoncé l'hérétique. Les livres et les papiers de Berquin recueillis par des passants, furent portés à Bédier. Ils fournissaient à point l'occasion de remettre dans la tour carrée du Palais un hérétique obstiné et dangereux. Et cette fois, le procès avança rapidement. L'arrêt fut prononcé le 16 avril 1529 (1). Berquin, « le plus savant des nobles », était condamné à subir la dégradation de tous ses titres et honneurs, à faire amende honorable en demandant pardon d'avoir tenu la secte de Luther et, en criant merci à genoux dans divers endroits de Paris, notamment en Grève où ses livres devaient être solennellement brûlés, et sur la place Notre-Dame où le bourreau devait lui percer la langue d'un fer rouge et le marquer au front d'une fleur de lys. Après quoi, il devait être enfermé pour le restant de ses jours avec défense à quiconque de rien lui donner à lire ou pour écrire (2).

Indigné d'un tel arrêt et sûr d'être dans son bon droit, Berquin, malgré les conseils de ses amis, ouverts ou cachés, malgré l'insistance de Budé

(1) En 1529, les juges délégués du pape étaient André Verjus, Jacques de la Barde, Nicolas Leclerc, docteur en théologie et curé de St-André-des-Arcs. Ils étaient assistés du promoteur de la foi Nicolas Danthuile, de dix autres conseillers et d'un avocat au Parment.

(2) Cf. *Livre de raison de Nicolas Versoris*.
La France protestante, art. Berquin, de Henri Bordier.
Bull. 1902, p. 634 et *Le Journal d'un Bourgeois de Paris*, éd. Bourilly.

qui ne prévoyait que trop ce qui allait arriver, fit appel
de la sentence. Le Parlement, avec une hâte qui marque bien sa passion, se réunit dès le lendemain 17 avril.
Il avait hâte de prendre une décision avant que le roi
qui était à Blois, pût intervenir.

Berquin fut condamné, cette fois, à être brûlé en place
de Grève. L'arrêt prononcé le matin fut exécuté l'après-
midi, vers trois heures. Mais avant d'être brûlé, le martyr avait été étranglé contre une potence. Merlin, le
pénitencier, répandit le bruit qu'il l'avait entendu en
confession et qu'il était mort « bon chrétien », c'est-à-
dire catholique. Mais c'est là, quand il s'agit d'un hérétique notoire, une phrase de style à laquelle il est permis
mis de ne pas s'arrêter. Erasme qui eut sur la mort de
son ami des renseignements directs, en fait un récit que
l'on sera heureux de trouver ici.

Notre ami Du Mont, (1) écrivait-il le 1er juillet 1529, à
un jeune flamand compatriote et ami de Berquin, Charles Utenhove, notre ami Du Mont, dont tu connais la
véracité scrupuleuse, n'a rien voulu écrire d'autre sur
ce sujet que ce qu'il a vu lui-même et de tout près. Il
était donc présent et très voisin d'un endroit par où la
charrette le menait au supplice. Ni par son visage, ni par
aucun geste de son corps, il ne donnait le moindre si-
gne d'un esprit troublé. On eût dit qu'il était dans son
cabinet, songeant à ses études, ou à l'église, pensant
aux choses célestes. Même, pendant que le bourreau

(1) Philippe Du Mont, ancien procureur d'Henri VIII à la Cour
de Bruxelles.

Arrestation d'Anne Du Bourg dans la Mercuriale du 10 juin 1559.

proclamait d'une voix farouche le crime et le châtiment, on ne vit rien changer dans la fermeté de son visage. Sur l'ordre de descendre du char, il descendit sans hésiter, lestement. Il n'y avait non plus en lui rien qui ressemblât soit à de l'audace, soit à de la dureté qu'une grandeur malsaine produit parfois chez les méchants. C'était la tranquillité d'une âme se rendant bon témoignage à elle-même qui reluisait en lui. »

« Aille qui voudra harceler ces Phormions (1) » s'écriait Erasme en terminant le récit d'une mort si injuste. Enfin, faisant allusion au bruit qui avait couru d'une prétendue rétractation de Berquin, il disait : « Pour moi, je n'ai pas la moindre confiance dans les paroles du franciscain ; car c'est la coutume de ses pareils, après la mort d'un supplicié, de faire courir le bruit qu'au milieu des flammes, il a chanté la palinodie, afin de recueillir l'honneur de la religion vengée en même temps qu'ils évitent la haine de la multitude et le soupçon d'imposture. »

La mort de Berquin fit une impression énorme. Elle terrorisa les timides. Elle exaspéra contre l'Eglise persécutrice les cœurs plus hardis, elle augmenta le nombre des ennemis secrets d'une institution qui tentait de se sauver par de pareils moyens. Plus que jamais, les « luthériens » pullulèrent dans Paris.

Clément Marot, « luthérien » lui-même, et que le retour de François Ier, en 1526, avait tiré de prison,

(1) Un ridicule rhéteur grec. Mais les rhéteurs ne brûlaient personne.

célébra la mort de son ami dans des vers où il rendait hommage à la piété et à la foi du martyr. La pièce est habile. Clément prend ses précautions, il ne veut pas que son chant funèbre le mène lui-même en place de Grève. Berquin est mort :

« Plein toutefois de la foi catholique ».

Comme les premiers réformateurs, le poète réclame pour les partisans des idées nouvelles le titre de vrai chrétien et de vrai catholique. Mais le lecteur ne se laissera pas tromper par quelques vers qui font surtout office de paratonnerre. Au fond, c'est un luthérien bien teinté qui déplore la mort d'un frère condamné à mourir

> D'infâme, dur et publique trépas.

On aimera retrouver ici cet hommage du poète au martyr : (1)

> Puys tellement ton cas on démena,
> Que ton appel à la mort te mena ;
> Et quand tu suz, tu fléchiz les genoulx,
> Disant ainsi : « Jhesus, sauveur de nous,
> Tu as pour moy souffert la mort très dure,
> C'est bien raison que pour toy je l'endure » —
> Et là-dessus prononças maint beau traict
> Consolatif, de l'Evangille extraict,
> Qui tant de foy et d'espoir lors te livre
> Que, allant mourir, tu semblois aller vivre. —
> Lors le bourreau, la main sur toy boutée,
> A de ton col la chesne d'or ostée,
> Et, en son lieu, subit, sa propre main
> Mit le cordeau cruel et inhumain,
> Non pas cruel, mais plutost gracieulx,

(1) Cf. *Bull.* 1862, p. 129, et *ibid.*, 1903, p. 97.

Car, par luy es hors du val soucieulx
De ce vil monde. Adonc on te desplace
De la prison, et t'en vas en la place
Où ce dur peuple on voit souvent courir,
Pour voir son frère estrangler et mourir.
Et en est aise et si ne sçut pourquoy ;
Et se on actaint quelqu'un qui ayt de quoy,
Tous font tel chère à sa mort qui approche,
Comme allans veoir un jeu de la bazoche.
Dames y vont, hommes chambres leur louent,
Et là Dieu sait les beaulx jeulx qui s'y jouent
Le temp,s pendant que confesser on faict
Le pauvre corps que on va rendre deffaict.
Croy, cher amy, qu'on ne fit pas telle feste
Quand tu nasquis que quand ta mort fut preste.
Las ! tu mourras (1) comme hérèse en publique,
Plain toutesfoys de la foy catholicque,
Sans soustenir contre la loy de Dieu
Ung seul propos. Qu'ainsi soit, sur le lieu,.
Après ta mort, Merlin, ton confesseur,
Crya tout hault : « Peuple, je te fays seur
Que, cent ans a, ainsi je le maintien,
Il ne mourut homme meilleur chestien ».
Et, sans cella, mon frère en Jhesu-Crist,
N'eusse voulu t'envoier cest escript.
Car il n'affiert chestienne poesye
Louer aucun qui meurt en hérésie.
Si rendz à Dieu louanges immortelles
De ta grand mort. On blasme les mortz telles,
Mais je supply ceulx de ton parentaige
Ne le voulloir prendre au désavantaige
De leur honneur, et penser en eulx mesmes
Que ceulx qui ont éternelz dyadesmes

(1) Tu mourus ?

> Lassus au ciel, ont bien passé le pas
> D'infâme, dur et publicque trespas ;
> Infâme, dis-je, quant au monde esgaré,
> Auquel tel homme en son lict bien paré
> Pourra mourir et avoir couverture
> En terre saincte et riche sépulture,
> En grand danger, peult estre, de descendre
> Plus bas que (ceulx) par bourreaulx mys en cendre.

Quant à Marguerite de Valois, après la mort de Berquin, elle composa le cantique des martyrs :

> Réveille-toi, Seigneur Dieu,
> Fais ton effort,
> Et viens venger en tout lieu
> Des tiens la mort.
> Tu veux que ton Evangile
> Soit preschée par les tiens
> En chasteau, bourgade et ville,
> Sans que l'on en cele rien.
>
> Donne à tes servans,
> Cœur ferme et fort ;
> Et que d'amour tous fervens
> Ayment la mort...

La cour de François Ier ne fut pas seule à regretter Louis de Berquin. Le peuple n'était pas tout entier perdu de superstition et de bigotisme. L'attitude du martyr avait frappé plus d'un cœur et, à Amiens, où il était fort connu, il y avait beaucoup de gens pour dire que Berquin était mort pour la foi, en martyr comme St-Laurent (1).

(1) N. Weiss et Bourilly, *Jean du Bellay*, 1904, p. 7.

Quelques mois après le supplice de Berquin, le Parlement poursuivant ses sévérités sous l'autorité du pape, faisait brûler sur la même place de Grève un nommé Milles Regnault, dit Milliaut pour « ses exécrables et détestables blasphèmes contre l'honneur de Dieu et de la glorieuse Vierge Marie (1). Le 19 mars 1534, c'était encore au même endroit le tour d'un hérétique anonyme qui, d'après Pierre Driart, « mourut obstiné » sans avoir voulu ni se confesser, ni se convertir. On lui avait préalablement coupé la langue à cause des « gros blasphèmes » qu'il disait. Nous savons ce qu'étaient ces gros blasphèmes. C'était tout simplement l'exposé de la foi évangélique.

La place de Grève avait vu, en 1530, une exécution plus juste, celle d'un prêtre meurtrier, Pierre du Ponat, vicaire de Méru, qui de passage à Paris avec son curé, l'avait égorgé la nuit, ainsi que son valet, dans une chambre du collège d'Autun devant St-André des Arcs. Le meurtre est du 29 avril 1530, l'exécution fut faite cinq jours après. On était expéditif alors ! Le 4 mai, le prêtre fut mené, devant le parvis de Notre-Dame. Là il fut dégradé, dépouillé de ses habits, habillé en habits de « fol ». On le conduisit sur un tombereau devant la porte du collège d'Autun. Là, sa main criminelle fut coupée, le malheureux, ramené en Grève, y fut brûlé. « Ce qui ne cesse de nous étonner, conclut Fournier, c'est l'étrange disparate des choses, qui, tour à tour, avaient

(1) *Ibid.* p. 70.

cette place de Grève pour théâtre, et les mêmes gens pour spectateurs ; c'est le contraste inouï d'un bûcher d'hérésie avec le feu de joie de la St-Jean qu'il y remplace. » (1)

Mais le supplice qui eut le plus grand retentissement et qui eut pour la France d'alors les plus graves conséquences, fut celui d'Anne Dubourg.

Né à Riom en 1520, Anne Du Bourg, neveu d'un chancelier de France, était conseiller au parlement de Paris depuis 1557. C'était un homme paisible, savant, pieux, d'une vie exemplaire. Il appartenait à ce groupe de conseillers qui commençaient à trouver excessives et scandaleuses les mesures draconiennes prises contre ceux qui ne commettaient d'autre crime que de vouloir réformer une église qui en avait grand besoin. Ces conseillers tolérants formaient la majorité à la Chambre dite de la Tournelle. Au contraire ceux de la Grand'-Chambre étaient en majorité d'énergiques brûleurs. Les uns renvoyaient les « luthériens » en les condamnant à une amende, les autres les envoyaient au bûcher. Pour faire cesser cette situation anormale, on résolut de convoquer une mercuriale pour le dernier mercredi d'avril 1559.

La discussion parut d'abord se dérouler librement. Le président du Ferrier demanda la convocation d'un concile pour réformer l'église, le conseiller Le Goïeu opina qu'il fallait laisser un délai de six mois aux Luthériens pour se dédire. Si après ce temps, ils s'obstinaient, il fallait les bannir du royaume en leur laissant

(1) *Paris à travers les âges. Hôtel de Ville*, p. 19.

leurs biens. Le conseiller Fumée signala les abus exis-
tants que seul un Concile pourrait extirper. Les plus
doctes et les mieux famés des conseillers partageaient
ces opinions. Mais le président le Maistre, médiocre
et astucieux et le président Minard, intrigant et volup-
tueux, pour faire leur cour au roi, lui signalèrent le
dangereux état d'esprit de leurs collègues. Ils les dénoncèrent comme étant en majorité luthériens et désireux
d'attenter à la puissance royale. Il fallait arrêter cette
mercuriale ou bien c'en serait fait de l'Eglise. Henri II,
borné d'esprit et dirigé par le cardinal de Lorraine et la
duchesse de Valentinois, accepta ces suggestions. Pour
intimider les conseillers récalcitrants, il décida de tenir
un lit de justice. Mais il se heurta — chose nouvelle —
à des hommes courageux qui osèrent opiner devant lui
avec une noble liberté. Claude Viole, Du Faur,
osèrent parler des abus ecclésiastiques et dénoncer ceux
qui vraiment troublaient l'église. Du Bourg invité à
opiner à son tour, fit observer et cela, frappe en effet aujourd'hui l'historien, que les vices et adultères restaient
impunis, tandis qu'on inventait tous les jours de nou-
veaux supplices pour des gens qu'on n'avait encore pu
convaincre d'aucun crime. Il montra que l'on ne pouvait
accuser les luthériens de lèse-majesté, puisqu'ils ne parlaient du roi que pour prier pour lui ; il dit enfin que
leur vrai crime consistait en ce *qu'ils découvraient les
crimes énormes et honteux de la puissance romaine qui
roulait dans la décadence et demandaient la réformation.* Il conclut en disant : « Ce n'est pas chose de petite
importance que de condamner à mort des gens qui invo-
quent au milieu des flammes le nom de Jésus-Christ. »

Le roi n'était pas habitué à un pareil langage. Le mot de du Bourg sur les adultères l'avait piqué au vif. Il entra dans une violente colère, il fit arrêter sur l'heure le conseiller courageux et il s'oublia au point de jurer qu'il le verrait brûler de ses yeux.

Le procès de Du Bourg commença. Il dura de longs mois, mais la victime était réservée d'avance au bourreau. A Paris, bon nombre de citoyens en suivirent les péripéties avec un intérêt passionné. La reine-mère reçut des menaces, on chercha à enlever Du Bourg, à retarder sa mort, rien n'y fit ; le courageux défenseur des droits de la conscience fut condamné à être brûlé. Du moins, son séjour en prison lui permit-il de rédiger une belle confession de foi que Read a donné entière dans la *France Protestante* et très probablement aussi une *Oraison funèbre* (1) qui faisait entendre au Parlement et au roi des avertissements que ceux-ci eurent grand tort de ne pas écouter. Le cardinal de Lorraine, ce « rouge Phalaris », y était traité comme il le méritait. C'est une chose grave pour des rois que de mériter l'apostrophe du martyr : « Vous roys de maintenant, pensez-vous échapper à la fureur de Dieu, ne portant non plus de révérence à sa parole ?.... Regardez, je vous prie, regardez avec vous, combien de feux vous avez allumés pour penser anéantir cette vérité, consumant tant de corps aux entrailles desquels était si bien engravé la connaissance d'icelle... » C'était le 21 décembre

(1) Cf. Matthieu Lelièvre, Anne Du Bourg, *Bull.*, 1888, p. 518 et 519.

LA MERCURIALE TENUE AUX AUGUSTINS LE 10 JUIN 1559.

G Anne Du Bourg opinant en présence du roi Henri II. — K Anne Du Bourg conduit à la Bastille.

1559, le jour où il comparut devant ses juges, que Du Bourg avait prononcé ces paroles. Tourné vers ses anciens collègues, Du Bourg, continuant sa harangue, leur avait dit avec une âpre éloquence : « Je vois pleurer quelques-uns d'entre vous. Pourquoi pleurez-vous.. Vos consciences sont poursuivies du jugement de Dieu et les condamnés se réjouissent du feu. Les rigueurs ne les épouvantent pas, les injures ne les affaiblissent pas... Quoi qu'il en soit, je suis chrétien, un chrétien mourant pour la gloire de mon Seigneur. Et puisqu'il en est ainsi, que tardé-je ? « Happe-moi, bourreau, mène-moi au gibet. »

Du Bourg cessa un moment de parler. Mais bientôt reprenant la parole, il dit à ses juges avec un accent qui les émut jusqu'aux larmes, qu'ils l'envoyaient au supplice pour n'avoir voulu placer qu'en Jésus-Christ, la justice, la grâce, la pacification, le mérite, l'intercession, la satisfaction et le salut et qu'il mourait pour la doctrine de l'Evangile. Enfin, il termina son discours par ces mots : « Cessez, cessez vos bruslemens et retournez au Seigneur en amendement de vie, afin que vos péchés soient effacez ; que le méchant délaisse sa voye et ses pensées perverses et qu'il se retourne au Seigneur, et il aura pitié de lui. Vivez donc et méditez en icelui ô sénateurs et moy je m'en vay à la mort. » (1)

Des ordres furent aussitôt donnés, dit la *Chronique de Crottet*, pour rassembler deux cents cavaliers et quatre cents hommes de pied, afin d'accompagner le con-

____

(1) Crespin. *Martyrologe*, livre VII, p. 475.

damné au supplice. Afin de mieux déjouer encore les
entreprises que ses amis pourraient tenter pour sa délivrance, on eut soin d'élever un bûcher et une potence
sur toutes les places destinées aux exécutions.

Deux jours après, c'était le jour de Noël, on fit
monter Du Bourg sur la fatale charrette, on lui lia les
mains selon l'usage, puis on le conduisit sur la place de
Saint-Jean-en-Grève, où devait se terminer sa vie. Arrivé au lieu du supplice, il conserva toute son assurance
et se dépouilla lui-même de ses vêtements. Alors seulement, quoiqu'il eut promis de s'abstenir de haranguer
les assistants, il ne put s'empêcher de s'écrier en pous-
sant de profonds soupirs : O Dieu ! mes amis, je ne suis
point ici comme un larron ou un meurtrier : mais c'est
pour l'Evangile. Mon Dieu, dit-il encore au moment où
on l'élevait au-dessus du bûcher pour le pendre, ne
m'abandonne point, afin que je ne t'abandonne. Il ne
resta bientôt de ce généreux martyr qu'un cadavre, qui
devint à son tour la proie des flammes. Les autres conseillers échappèrent à la mort, par le moyen d'amis ou
de rétractations.

Le supplice de cet homme, victime de sa fidélité à
l'Evangile, produisit une grande sensation à Paris et
dans le reste de la France, et un écrivain contemporain,
témoin oculaire de la fin courageuse de Du Bourg, nous
rapporte que cette mort fut loin de nuire à la Réforme.
« Il me souvient, dit-il, que quand Anne du Bourg, conseiller au Parlement de Paris, fut bruslé, tout Paris
s'estonna de la constance de cet homme. Nous fondions
en larmes dans nos collèges, au retour de ce supplice et

plaidions sa cause après son décèz, maudissant ses juges injustes qui l'avaient injustement condamné. Son
presche à la potence et sur le bûcher, fit plus de mal
que cent ministres n'eussent sceu faire (1).

En effet, les persécutions dirigées depuis près de quarante ans, avec une fureur toujours croissante, contre
ceux qui abandonnaient l'Eglise romaine pour s'attacher aux doctrines de l'Evangile n'avaient pas arrêté
les triomphes de la Réforme. La fin glorieuse de tant
de confesseurs de Jésus-Christ ne fit qu'affermir et con-
solider le grand œuvre entrepris par Lefèvre d'Etaples, Farel et Calvin. On peut considérer avec raison,
l'année 1559 et le commencement de 1560 comme l'époque où la réformation pacifique atteignit son apogée en
France et dans le Béarn, car elle comptait déjà près de
deux millions de sectateurs (2), nombre considérable,
si on le compare au chiffre total des Français d'alors.

« Il n'y avait, dit Mézeray (3) ni ville, ni province, ni
profession où les nouvelles doctrines n'eussent pris
pied : les gens de robe, les gens de lettres et les ecclésiastiques mêmes, contre leur propre intérêt, s'en lais-
saient charmer. Les supplices ne faisaient que les ré-
pandre davantage. »

« Il est certain, dit ailleurs le même auteur, (4) que
sans eux (le Duc de Guise et le cardinal de Lorraine)
la religion ancienne eût fait place aux nouvelles sectes.

(1) Florimond de Ræmond, liv. VII, p. 866.
(2) De Thou, *Hist.* Liv. XXII et XXIII, an 1559, Emile de Bonne-
chose, *Hist. de France*, tom. I, p. 346.
(3) *Vie de Henri II*, à l'an 1559.
(4) *Vie de François II*, à l'an 1560.

Le Conseiller Anne Du Bourg est brûlé en Place de Grève le 21 Décembre 1559.

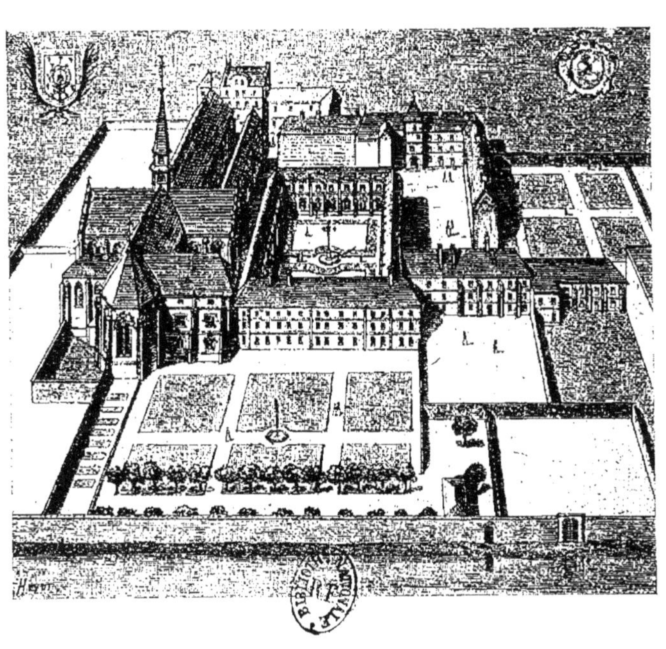

L'Église Sainte-Catherine
et le Prieuré Sainte-Catherine du Val des Écoliers
au XVIIe siècle.

Devant Sainte-Catherine

CHAPITRE VII

Devant Sainte-Catherine

(rue St-Antoine).

Il y avait deux églises Sainte-Catherine dans le Paris du XVIe siècle. L'une se trouvait rue St-Martin. L'autre, celle dont il est ici question, s'appelait Sainte-Catherine du-Val-des-Ecoliers. Elle donnait sur la rue St-Antoine et se trouvait dans un emplacement compris, à peu près, entre la rue de Sévigné et la rue du Colombier, à l'endroit où se trouve aujourd'hui le marché de la Culture Ste-Catherine. Bâtie sous St-Louis, elle était célèbre au XVIIe siècle encore, par ses tombeaux somptueux, ceux du chancelier Pierre d'Orgemont, du cardinal et chancelier René de Birague, mort en 1583. Germain Pilon passait pour n'avoir rien fait de plus beau que ce monument de Birague. Cette église appartenait aux chanoines réguliers de St-Augustin de la Congrégation de Ste-Geneviève du Mont.

C'est devant cette église que fut brûlé le 21 novembre 1534 un maçon, natif d'Aulnay, nommé Barthélémy Poille. On remarquera qu'Aulnay est un village voisin de Livry et de Meaux où les semences de la Réforme avaient été répandues de bonne heure parmi le peuple. Le *Martyrologe* de Crespin (I p. 304), nous raconte en ces termes le martyre du pauvre maçon : « *Henri Poille*, (1) était du nombre de ceux qui moururent constants en la fureur de cette persécution. C'était un poure macon, d'un village près de Meaux en Brie, qui avait eu la connoissance de la vérité en ceste eschole de Meaux à laquelle l'Evesque Briçonnet en son temps avait donné les commencements comme il a esté touché ci-devant en l'histoire de Jacques Pavanes (2). Sa persévérance et entière confession de la vérité se montra au dernier supplice. La langue lui fut percée et attachée avec un fer à la joue qui lui fut ouverte en cruel et horrible spectacle pour l'empêcher de parler au peuple. »

En 1548, le 4 juillet, Henri II, qui venait de monter sur le trône, assista des fenêtres de l'hôtel du sire de Rochepot, au supplice d'un hérétique qu'il fit, paraît-il, admonester de se convertir.

C'est aussi devant Sainte-Catherine qu'avait eu lieu le 2 juin de la même année, le supplice de Pierre Ravon, dit Coquebillette, accusé de blasphèmes séditieux, hérétiques et scandaleux à l'égard de Dieu, du St-Sacrement de l'autel, de la très sacrée Vierge Marie et de

---

(1) Il est appelé ailleurs Barthelemy.
(2) Jacques Pouant.

notre sainte mère l'Eglise. Il fut condamné à être pendu à une potence et à être brûlé. Ses biens furent confisqués au profit du roi. Le *retentum* du jugement portait que si Pierre Ravon persistait dans ses opinions, la langue lui serait coupée au sortir de la Conciergerie et qu'il serait brûlé vif.

Le paisible marché de la Culture Ste-Catherine remplace aujourd'hui l'ancien prieuré de Sainte-Catherine, et l'Eglise qui y était attenante (1).

(1) Cf. Weiss, *Chambre ardente*, p. CXVII et 64.

Devant Notre-Dame

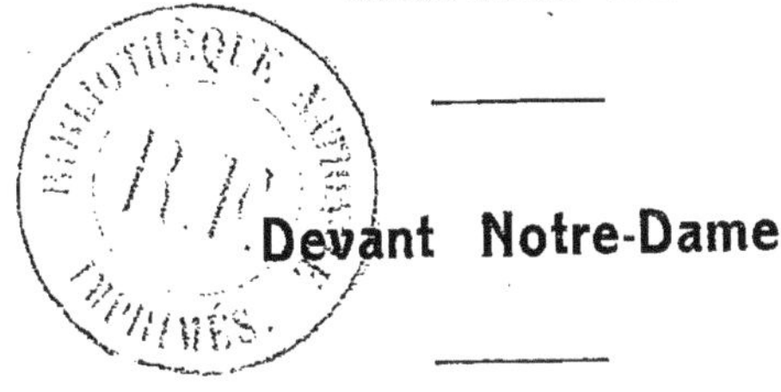

CHAPITRE VIII

Devant Notre-Dame

Notre-Dame. — Jean Guibert. — L'ermite de Livry et son procès
en hérésie. — Le jargon de Lizet. — Supplice de Jean Guibert
devant Notre-Dame. — Jacques Belon.

« Avant la réalisation du projet de l'évêque Maurice
de Sully, deux églises couvraient à peu près l'espace de
la cathédrale actuelle : St-Etienne et Ste-Marie. Notre-
Dame fut commencée en 1163 et terminée sous Philippe
Auguste en 1223. Mais l'œuvre de Maurice de Sully subit depuis de sensibles modifications. Tel qu'il est ce
monument de l'architecture gothique au XIIIᵉ siècle est
un chef d'œuvre qui ne manque jamais d'exciter l'en-
thousiasme de ceux qui aiment le grand et le beau.

Notre-Dame a été le théâtre de plus d'un événement
historique. Philippe de Valois après la victoire de Cassel y est entré à cheval entouré de ses barons. En mémoire de ce fait une statue équestre avait été érigée con-

tre le dernier pilier sud de la nef. Le comte de Toulouse Raymond VII, y vint nu en chemise abjurer son hérésie. Henri VI, roi d'Angleterre y fut couronné roi de France en 1431. En 1431, par un *Te Deum* on y a célébré la sortie des Anglais. Pendant la domination des seize sous la Ligue, la cathédrale servait de caserne aux troupes fidèles qu'on réunissait contre les politiques et pour entretenir la terreur parmi les bourgeois. La déesse Raison y eut son culte ; les théophilanthropes y prêchèrent. Rendue au culte en 1802, Napoléon s'y fit sacrer en 1804. Autour de Notre-Dame restèrent longtemps groupées plusieurs petites églises qui en dépendaient : St-Jean-le-Rond, la Chapelle de l'Hôtel-Dieu, Saint-Denis-du-Pas, Sainte-Geneviève-des-Ardents. A la pointe septentrionale de la Cité se trouvait le Cloître, réunion de petites maisons avec jardins, servant d'habitation aux chanoines du chapitre. Le palais de l'Archevêché démoli en 1838, était contigu à la cathédrale.

Sur la place du Parvis devant le portail principal, se trouvait une échelle patibulaire, marque de la haute justice de l'Evêque. Cette échelle fut remplacée en 1767 par un carcan qui disparut en 1792. C'est de ce poteau que partaient les distances itinéraires de la France.

Les tours de Notre-Dame ont 65 mètres de hauteur. (1) »

Malheureusement, Notre-Dame évoque encore d'autres souvenirs. Pour ma part, je ne passe jamais devant l'admirable édifice sans donner une pensée à tous ces

(1) *Simples lectures sur l'histoire de Paris*, p. 56 et 57.

pauvres martyrs connus ou inconnus qui sont venus durement expier devant lui leur hardiesse d'esprit ou leur tentative de réformer l'Eglise.

C'est là qu'étaient conduits d'abord pour y faire amende honorable, un cierge de cire en main, souvent en chemise et pieds nus, les hommes courageux qui avaient rêvé, eux aussi, de ramener l'Eglise de France à la pureté de ses origines. On allait ensuite leur arracher la langue, les étrangler et les brûler ailleurs.

Il y eut pourtant aussi des supplices devant Notre-Dame. Nous n'en raconterons qu'un seul, avec quelque détail, ce sera celui du martyr qui n'a été longtemps connu que sous le nom de l'*ermite de Livry*.

Dans l'état actuel de nos connaissances, c'est le quatrième martyr de la Réforme française qui ait subi sa peine à Paris. Voici ce que l'on savait jusqu'ici de lui :

« Pavanes, dit Crespin, fut suivi quelque temps après par un sur-nommé *l'ermite de Livry*, qui est une bourgade sur le chemin de Meaux, lequel fut brûlé vif à Paris, au parvis du grand temple qu'ils appellent Notre-Dame, avec une grande cérémonie, étant sonnée la grosse cloche de ce temple à grand branle pour émouvoir tout le peuple de la ville, disant et affirmant les docteurs (qui le voyaient persévérer avec une constance invincible) que c'était un homme damné qu'on menait au feu d'enfer. » (1)

Nous sommes aujourd'hui mieux renseignés et nous allons voir, d'après les pièces mêmes de son procès, ce

(1) *Martyrologe*, éd. de Toulouse, t. I, p. 264.

qu'était en réalité cet « homme damné » digne du « feu d'enfer. »

Il s'appelait Jean Guibert et je le soupçonne fort d'avoir été normand, lui aussi, comme son malheureux confrère Jean Vallière qui, ermite de Livry comme lui, avait été brûlé au marché aux Pourceaux, le 8 août 1523.

En effet, parmi treize élèves qui étudiaient en 1520 à Caen sous Pierre *de Pratis* (Des Prés) j'ai relevé le nom d'un « Jean Gybert » qui me paraît bien être le même que notre malheureux ermite.

Ermite de Livry comme Jean Vallière (1), Jean Guibert fut trouvé sans doute contaminé des mêmes erreurs luthériennes. La mort de Vallière est du 8 août 1523, le procès de Jean Guibert avait commencé à peu près à la même époque devant l'official de Paris et l'inquisiteur de la foi. « Ils assemblèrent des docteurs et autres et donnèrent sentence qu'il abjurerait publiquement au Parvis Notre-Dame ses dogmes erronnés, qu'il déposerait sa barbe et son habit (2) et serait banni. »

Guibert en appela au Parlement et sa cause fut plaidée le jeudi 26 novembre 1523.

Il avait pris pour avocat ce même Bochart qui s'était rendu célèbre pour le courage dont il avait fait preuve dans son opposition au Concordat de 1516. Bochart exposa qu'avant de plaider en faveur de l'appelant, il l'a-

---

(1) Frère Jean Guibert, religieux ermite de l'ordre St-Paul, ermite.

(2) *Deponeret barbam et habitum.*

vait voulu le voir et l'entendre et qu'il avait été réconforté par l'humilité de cet homme et l'intégrité de sa foi. C'était, d'après lui, un homme plein d'austérité et de dévotion fervente *qui odit animan suam in hoc mundo*. Il n'a aucun souci humain, aucun égard des personnes, désirant ferventement l'honneur de Dieu. Lui aussi peut dire : le zèle de ta maison me dévore. Heureux ceux qui ont faim de justice en tout temps. Plût à Dieu que plusieurs eussent aujourd'hui une partie seulement de son zèle pour la gloire de Dieu !

Le pape et les autres prélats, dit Bochart, avec leur juridiction spirituelle, ne sont pourtant pas plus grands que Jésus-Christ dont ils sont les vicaires. Or Notre Seigneur Jésus étant sur la terre a dit : Mon règne n'est pas de ce monde, et il n'a voulu se montrer maître que dans son temple et église et c'est de là qu'il a chassé les acheteurs et les vendeurs... Donc, les prélats de l é-glise ne peuvent pas ôter les terres et seigneuries, ils ne peuvent pas bannir, et, s'ils le font, ils mettent leur faux dans la moisson d'autrui, *ponunt falcem in messem alienam.*

En second lieu, la juridiction en première instance appartient aux juges ordinaires et le pape ne peut y commettre ou déléguer, et les inquisiteurs de la foi n'ont aucune juridiction. Autrement la chose serait très dangereuse et plusieurs bons chrétiens et bonnes bourses seraient en danger d'être légèrement traités d'hérétiques, et on en a vu l'exemple chez les Vaudois d'Arras et d'ailleurs. Le pape peut bien envoyer des inquisiteurs pour s'enquérir et dénoncer aux juges ordinaires et diocésains, mais non pour les appeler à juger.

Guibert, depuis 40 ans environ, a suivi la doctrine évangélique, renonçant à lui-même, vivant dans une extrême austérité et pénitence, suivant la vie de St-Paul ermite et autres saints pères, criant comme Jean-Baptiste : Repentez-vous. L'évêque de Paris peut témoigner de sa vie. Il a même permission du pape de recevoir avec lui d'autres ermites. Il n'a pas cherché les honneurs et les biens du monde. Peut-être, voyant plusieurs choses contre l'honneur de Dieu, la simonie, les exactions et autres choses à reprendre en a-t-il parlé avec colère. Il a été cité devant l'official de Paris et devant inquisiteur de la foi qui n'a aucune juridiction. Le promoteur lui a fait plusieurs reproches particuliers ; ce n'est pas une raison pour le dire hérétique. Il faut seulement l'avertir et le corriger. Au contraire, l'official et l'inquisiteur ont donné contre lui une sentence portant bannissement. Ils n'en ont pas le pouvoir et c'est ce dont Guibert appelle comme d'abus à la cour de Parlement. Son avocat demande que l'évêque de Paris donne vicaire à l'évêque de Langres et à quelques autres bonnes personnes pour connaître de la matière et, qu'en attendant, le dit Guibert soit mis aux Célestins, aux Chartreux, à St-Martin-des-Champs ou à St-Germain-des-Prés.

Là-dessus, Gron, procureur de l'évêque de Paris, répondit que la cause était du ressort de l'archevêque de Sens, qu'il n'y avait pas entreprise sur la juridiction du roi. Il peut prouver que l'official a depuis trois cents ans le droit de condamner au bannissement. Il n'y a pas d'abus : l'official et l'inquisiteur ont toujours agi en présence de cinq ou six docteurs en théologie et autres gros personnages.

Là-dessus, Brion faisant fonction d'avocat de l'évêque de Paris, s'appropria les observations de Gron et conclut en faveur de l'official contre l'appelant.

Lizet, avocat du roi, dont le zèle persécuteur était à ses débuts, prit ensuite la parole et prononça un long discours, où le français se mêle à ce latin de cuisine ou de prétoire qui faisait à bon droit sauter Erasme d'indignation. Nous résumerons le plus possible ce long réquisitoire scolastique et verbeux, et nous en citerons seulement une page pour en donner l'idée à ceux qui ne peuvent le lire en son entier.

Ceux qui élisent l'état de vie solitaire et « érémitique, » dit Lizet, sont réputés dignes d'honneur. Toutefois, en matière concernant la foi ou la vérité de la doctrine catholique, il ne faut pas se fier à celui qui présente seulement l'apparence de la sainteté quand même il ferait des miracles... « Et à cette cause sans s'arrêter *ad austeritatem vitae* (1), dont l'avocat de Guibert a parlé, il s'arrêtera seulement *in veritate doctrinae* et en ce qui est de droit, *secundum ecclesiasticas traditiones.* Dit qu'il y a deux points en la matière, le premier est l'appellation interjetée de la sentence donnée par les official de Paris et inquisiteur de la foi conjointement *in materia fidei,* assavoir si en tout ou partie la dite sentence est exécutoire nonobstant l'appel, ou si la cour

(1) Lizet lui-même ne conteste donc pas la pureté de vie de Guibert. Il ne le poursuit que pour des idées.

doit ordonner, *etiam ubi nulla esset sententia*, la réparation du scandale *fieri debere simul* et pourvoir au personnage, *ne deterius illi et aliis contingat...* »

L'échantillon suffit. Ce qui nous intéresse pour l'histoire des idées dans tout le latin macaronique de Lizet et au milieu de ses citations et de ses gloses, c'est ce qu'il pense sur les droits de l'Eglise en matière de répression de l'hérésie et la manière dont il les établit.

Il ressort de son jargon légaliste qu'il donne d'abord raison à l'avocat de Guibert.

La sentence des juges d'église a prononcé la peine du bannissement, mais c'est une entreprise sur la justice laïque. Le juge laïque a seul qualité pour bannir, car le juge ecclésiastique ne peut prononcer qu'une peine spirituelle. Celui qui a semé quelque nouvelle doctrine contre les traditions ecclésiastiques et s'est élevé contre elles peut être banni — mais par le juge séculier. Le juge d'église peut déclarer les dogmes de Guibert erronés, schismatiques et hérétiques, mais quant à la punition, elle appartient, — même de droit divin — au juge laïque ; les exemples contraires allégués par le conseil de l'évêque ne prouvent rien, car, s'il y en avait ce seraient des actes clandestins. L'évêque de Paris et ses « officiaux », ont donc « abusivement procédé, jugé et sentencié ». Défense doit leur être faite de ne plus prononcer aucune sentence de bannissement, à moins que ce ne soit à la requête du bras séculier.

Au contraire, c'est à bon droit que l'évêque de Paris a procédé contre Guibert conjointement avec l'inquisiteur de la foi. Car l'évêque a le droit de connaître des choses de la foi. La sentence contre Guibert qui est une sentence de simple réparation, doit être exécutée malgré l'appel. Mais c'est encore au juge laïque à la faire exécuter. C'est la doctrine même de St-Augustin.

Dans l'espèce, bien que Guibert ait, jusqu'ici, vécu d'une vie très austère et recommandable, il est accusé d'avoir suivi et favorisé la doctrine de Luther, spécialement en ce qui concerne l'abolition de la messe privée, d'avoir au mépris des commandements de l'Eglise, négligé d'entendre la messe les dimanches et fêtes, d'avoir dit qu'il valait autant ou qu'il valait mieux lire l'Evangile dans sa cellule que d'entendre la messe, d'avoir entendu en confession un prêtre qui demeurait dans son ermitage, d'avoir reçu profession de ses compagnons, comme si sa religion était approuvée, d'avoir dit et répété que c'était de la simonie que de donner six blancs pour faire dire une messe, d'avoir affirmé qu'il n'était ni bon, ni salutaire de faire prier Dieu pour les morts... Guibert continue Lizet, a reconnu quelques-unes de ces erreurs sans y persévérer. La preuve absolue des autres chefs d'accusation n'a pas été faite par les témoins entendus. En tous cas, il y a eu scandale et de sa part zèle indiscret. Mais comme il n'est pas demeuré obstiné et qu'il est revenu dans le giron de l'Eglise sur les remontrances de ses juges et des docteurs de la Faculté de théologie, il ne peut pas être déclaré obstiné et hérétique. Condamné à abjurer ses dogmes erronés, il s'est soumis et il a lu l'abjuration et profession qui lui a été remise par écrit.

En conséquence, il a été condamné, outre le banissement, à être mis publiquement un jour de dimanche, près d'un prêcheur, au parvis de Notre-Dame où le dit prêcheur devra prêcher contre les dogmes erronés du dit Guibert. Après la prédication, ledit Guibert se rétractera publiquement devant le peuple. Il a été condamné encore à faire raser sa barbe et à déposer son habit d'ermite et à garder la prison pendant six mois, à la bonne grâce de l'évêque de Paris.

La réparation publique sur le parvis de Notre-Dame est un peu « scandaleuse », dit l'excellent Lizet. Elle noterait Guibert d'infamie si elle était exécutée telle quelle. Il suffira donc, dans l'espèce, qu'elle ait lieu dans Notre-Dame même et dans les différents lieux où Guibert a demeuré, après la prédication ordinaire en présence de Guibert placé de telle manière que le peuple puisse l'apercevoir. La prédication faite, Guibert rétractera publiquement les dogmes erronés dont il a été convaincu.

Quant à sa personne, et pour qu'il ne retombe pas dans ses erreurs premières, il faut le retirer de la vie solitaire et érémétique, car, dit St-Jérôme : c'est dans la solitude que s'exalte l'orgueil et tout ce qui s'ensuit.

Comme Guibert n'a pas été nourri en monastère régulier, mais qu'il est entré d'un coup dans sa vie d'ermite, il a besoin de demeurer quelque temps dans un monastère de St-Benoit réformé. Et ce sera pour lui plutôt un bénéfice qu'un supplice. Lizet requiert donc que Guibert soit tenu de vivre dans quelque bon monastère de St-Benoit, sous l'obéissance du Supérieur qui lui donnera « *le plus simple et le moins lettré* » de ses gens pour le servir.

Bochart répliqua en montrant qu'il avait bien touché les deux abus, le bannissement illégal et la juridiction usurpée par l'inquisiteur de la foi. Aux ecclésiastiques qui prononcent sans droit une condamnation de bannissement, il rappelle la parole évangélique : Rendez à César ce qui est à César, et à Dieu ce qui est à Dieu. Quant à la juridiction usurpée par l'inquisiteur, c'est une chose abusive, périlleuse et de conséquence « qui ferait mettre le feu partout sans propos. » Il rappela l'intégrité de la vie de Guibert et pria qu'en dépassant la mesure de la correction fraternelle on ne le mît pas hors du chemin et de l'espoir.

L'avocat du roi reprenant la parole, requit l'internement de Guibert dans un monastère « réformé » en lui laissant le choix de la maison. D'ailleurs « il y a suffisant témoignage de l'homme par la longue et continuelle conversation d'icelui en l'ermitage. » Il y a des gens de bon zèle, ajoute-t-il, *que les grands abus qu'ils voient contraignent de parler avec véhémence*. La cour, d'ailleurs, pourra voir et entendre l'accusé lui-même. Il a de l'âge. Il faut aussi que la cour considère qu'en disant simplement la vérité Guibert a pu se faire des ennemis, des « haineux ». *Veritas enim odium parit.* Il conclut au renvoi dans un monastère dans les conditions susdites. La cour renvoya les parties à trois jours en enjoignant à l'évêque de Paris « de bien traiter cependant le dit appelant. »

« La cause fut appointée. »

Voilà un procès qui paraissait tourner tout à l'honneur du brave ermite réformateur. Ceux qui ont l'habitude de ces procès d'hérésie ne peuvent qu'être touchés du courage de Bochart, de la modération relative de l'avocat du roi, de l'hommage rendu à la vie sainte de Jean Guibert. Mais les idées saines de tolérance et de respect de l'âme humaine, jusque dans ses erreurs, n'étaient encore que le fait de quelques-uns. Guibert et ses pareils en mettant la main sur les plaies de l'Eglise, se faisaient d'implacables ennemis, incapables ni de se réformer, ni de pardonner.

Echappé une première fois à la mort par sa soumission, Guibert que le supplice de Jean Vallière avait fort bien pu intimider un moment, se retrouva bientôt tout entier. Que se passa-t-il alors ? Comment fut-il ressaisi? Nous l'ignorons. Nous savons seulement que, trois ans après ce premier procès, Jean Guibert fut brûlé en grande pompe devant Notre-Dame. Nous connaissons ses crimes : pauvreté, piété, austérité de vie, constance invincible dans sa foi réformatrice. Tel était l'homme que les docteurs présentaient au pauvre peuple égaré comme « un damné qu'on conduisait au feu d'enfer. » (1).

Il y eut bien d'autres supplices devant Notre-Dame. Le 4 juillet 1548, par exemple, il y eut messe solennelle à Notre-Dame devant le roi et le Parlement, puis grand

(1) Nous connaissions le procès de Guibert par le registre des *Archives Nationales* côté U 551. Mais il n'y a là qu'un résumé. Le texte complet se trouve *Archives Nationales, Tournelle criminelle*, t. 77. X 2A 76 f° 3-14. En copie *Bibl. de l'histoire du Protestantisme français*, Mss Bordier sous le titre de *Parlement de Paris :* Extraits des registres de 1521 à 1528.

dîner à l'évêché. Au dessert, le prévôt de Paris, Claude Guyot, s'adressant au roi lui dit qu'il n'y avait pas d'autre ville au monde « où il se fasse plus diligente inquisition contre les gens notés et suspects de mauvaise vie ni où, par justice, ils soient plus promptement corrigés et punis de leurs démérites. » Malheureusement, les préjugés du temps assimilaient l'hérésie ou ce que l'on appelait ainsi à la mauvaise vie.

C'était « mauvaise vie » que de vouloir réformer la religion du roi et de ses conseillers. En sortant du banquet de l'évêché, le roi et les invités de l'évêque purent contempler l'agonie de deux prêtres obstinés dont l'un au moins n'était brûlé que pour avoir voulu organiser l'émigration de quelques familles forcées par la persécution d'aller chercher à l'étranger un refuge où ils pourraient adorer Dieu selon leur conscience (1).

Le 1er septembre de la même année, un hérétique encore fut brûlé sur le parvis Notre-Dame. Il s'appelait Jacques Belon. Nouveau Polyeucte, il avait commis un outrage à l'égard de la statue de la Vierge Marie qui se trouvait à Notre-Dame. Il fut condamné à être conduit de la Conciergerie au parvis Notre-Dame où il fut brûlé après avoir eu le poing coupé. (2).

(1) Weiss, *Chambre ardente*, p. CXVII.
(2) *Ibid.* p. 199.

Au bout du Pont Saint-Michel

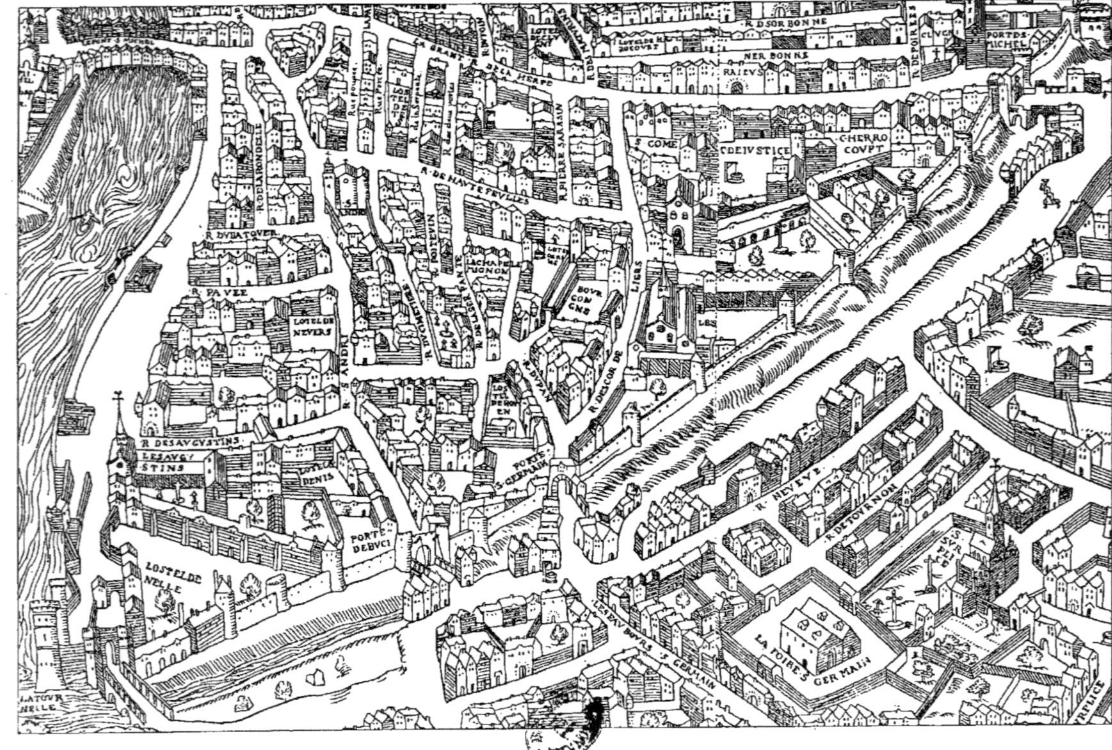

Le Quartier de l'Université en 1552 (région occidentale).

Le Pont et la Place Saint-Michel. — Les Augustins.

L'ancienne Eglise Sainte-Geneviève vers 1516
(Dans le fond, la tour encore visible dans l'enceinte du Lycée Henri IV).

CHAPITRE IX

Au bout du Pont Saint-Michel

(Place St-Michel).

L'ancienne place St-Michel. — On y brûle, entre autres, un jeune inconnu. — Louis de Médicis. — Supplices de femmes hérétiques.

Au bout du Pont St-Michel couvert, de chaque côté, de maisonnettes qui cachaient au passant la vue du fleuve, il y avait une petite place plus étroite que celle d'aujourd'hui. C'était un lieu de passage très fréquenté. On y voyait des étaux de boucherie, un marché au pain, toutes sortes de boutiques. Les mercredis et samedis on y faisait les ventes ordonnées par la justice et c'est là aussi que s'exerça pendant plusieurs siècles la justice de l'abbé de St-Germain des Prés. Un poteau de justice s'y dressait comme un avertissement.

La place St-Michel actuelle occupe l'emplacement de

l'ancienne agrandi de l'abreuvoir Macon et d'une partie des rues de Hurepoix, de l'Hirondelle et de la Clef (1).

Le mois de décembre 1534 vit brûler à Paris beaucoup de luthériens. Des placards hérétiques « contre le saint sacrement de l'autel et l'honneur des saints » avaient été affichés aux environs du 24 octobre. La répression fut longue et cruelle. Il suffisait de receler les fameux placards pour être condamné au feu. Il y eut de nombreuses arrestations immédiates. Les prisonniers furent enfermés au Châtelet et les supplices suivirent.

Le samedi 5 décembre 1534, un jeune homme dont nous ignorons le nom fut condamné à faire amende honorable devant Notre-Dame, puis, il fut pendu et étranglé dans une poterne et finalement brûlé au bout du Pont St-Michel. C'était un « jeune fils enlumineur » qui travaillait au service d'un enlumineur du Pont St-Michel, c'est-à-dire qui avait sa boutique sur le Pont. Il était natif de Compiègne. C'est tout ce que nous savons pour l'instant sur ce jeune homme.

Le 26 février 1535, les habitués de la place St-Michel y virent de nouveau brûler un luthérien. C'était un jeune homme encore, mercier du Palais. Il s'appelait Louis de Médicis, originaire de Crual, au comté d'Asti. Il avait épousé la fille de Jodelle également mercier du Palais, et demeurait rue de la Callende. Le malheureux fut brûlé au bout du Pont St-Michel. Sa femme mourut de chagrin sept semaines après le supplice de son mari (2).

(1) Berty, *Topographie historique du Vieux Paris*. Région occidentale de l'Université, p. 542 et suiv.

(2) Cf. *Journal d'un Bourgeois de Paris*, éd. Bourilly, 383. *Bull.* 1862, p. 258 .

Le rédacteur du *Journal d'un bourgeois de Paris sous François Ier* paraît un peu étonné que cette femme d'hérétique soit morte « dans son lit ».

Il y avait des femmes qui mouraient autrement. Telle cette maîtresse d'école qui, le 11 avril 1535, fut menée en tombereau faire amende honorable devant Nore-Dame, après quoi, ramenée place St-Michel, elle y fut pendue au poteau de justice de l'Abbé, étranglée et brûlée (1).

Remarquons en passant que la peine du feu appliquée aux femmes hérétiques est déjà un progrès des mœurs. Précédemment, pour les crimes les plus graves comme pour les plus légers, on condamnait les femmes à être enterrées vivantes ! Cette peine de l'enfouissement de femmes vivantes est commune aux XIIIe et XIVe siècles. Des femmes furent ainsi traîtées pour avoir volé des souliers, des effets, des poules. On ne pendait pas les femmes pour épargner la pudeur du temps. Mais on les brûlait déjà pour les crimes les plus graves (2).

L'enfouissement de femmes vivantes pour vols, mauvaises mœurs ou hérés'es ne se pratiquait plus à Paris, au XVIe siècle. Par contre, dans les Pays-Bas et dans le Nord de la France, en plein XVIe siècle, on cite de nombreux cas de cet affreux supplice appliqué à des femmes simplement hérétiques (3). Le 10 septembre 1545, Ma-

(1) Nous disons dans le chapitre sur l'Abreuvoir Popin les raisons qui nous font penser que *la Catelle* fut brûlée en réalité à l'abreuvoir Popin, non loin, il est vrai, de la place St-Michel.

(2) Cf. L. Tanon, *Histoire des justices de Paris*, p. 30, 35.

(3) Cf. Paul Beuzard, *La Réforme dans la région de Douai, d'Arras et au pays de l'Alleu*, Le Puy, 1912, p. 155.

thinette du Buisset « notable et vertueuse » fut condamnée à être enterrée vive à Douai pour avoir maintenu en
constance et intégrité la Parole de Dieu.

Nous devons bien un souvenir plein d'admiration et
de pitié aux femmes héroïques qui ont accepté de pareilles souffrances, la fosse ou le bûcher, pour maintenir
l'intégrité de leur foi et la liberté de leurs consciences.

Le Carrefour du Puits Ste-Geneviève

CHAPITRE X

Le Carrefour du Puits Sainte-Geneviève

Sainte-Geneviève. — Son emplacement actuel. —
Supplice de Jean Fouan.

L'église Ste-Geneviève fut fondée par Clovis entre 500
et 514. Il n'en subsiste plus rien aujourd'hui que la
vieille tour carrée qui se trouve dans l'enceinte du lycée
Henri IV (1). Elle était contiguë à St-Etienne du Mont
élevé par les religieux pour servir d'église paroissiale
aux habitants de leur bourg (2). C'est autour d'elle que
se groupèrent les religieux de l'abbaye Ste-Geneviève.
L'enclos de l'abbaye occupait un vaste emplacement qui
se trouvait dans l'espace occupé aujourd'hui, en partie,
par le lycée Henri IV et le Panthéon. Au dessous de cet
enclos, se trouvait le carrefour Ste-Genevière « au milieu duquel, dit un vieux texte cité par M. Tanon (3),

(1) Rue Clovis.
(2) Tanon, *Histoire des justices de Paris*, Larose, 1883, p. 231.
(3) *Ibid.*, p. 245.

il y a eu un puits auprès duquel était un poteau où était de tout temps et ancienneté, une échelle de justice.» (1). C'était là que s'exerçait la justice de l'abbé de Ste-Geneviève. Il faut croire qu'elle était peu populaire car le poteau et le carcan furent enlevés furtivement en décembre 1591.

Le faubourg St-Jacques dépendait de la justice de l'abbé de Ste-Geneviève et celle-ci n'était pas douce. Les auteurs ecclésiastiques qui se sont surtout occupés jusqu'ici de l histoire religieuse du Moyen-Age, ne tarissent pas sur « les exemples d'humanité, d'indulgence et de miséricorde que, d'après eux, le clergé ne cessait alors de donner à ses contemporains. » Le savant continuateur de Lebeuf, Cocheris, cite pourtant un acte qui, entre autres, jette un jour sur la manière dont le peuple était traité déjà par certains détenteurs de la justice ecclésiastique. Il cite un acte de 1303, terminant un conflit de juridiction entre l'abbaye de Ste-Geneviève et celle de St-Victor. Par cet acte, les moines de St-Victor reconnaissent que la haute, moyenne et basse justice sur une voierie déterminée appartient aux religieux de Sainte-Geneviève. Mais, en échange de cette concession, les religieux de Sainte-Geneviève promet-

(4) Le « quarré » ou carrefour Ste-Geneviève, se trouvait au XVIᵉ siècle, devant l'église Ste-Geneviève d'alors, dont on voit encore la tour dans les bâtiments du lycée Henri IV. Le collège de Fortet donnait sur cette place. On se trouve exactement sur l'emplacement de ce carrefour quand, après avoir dépassé la Bibliothèque Ste-Geneviève, on se trouve en face du Lycée Henry IV et devant la rue Clovis.

tent « de ne plus brûler les femmes, de ne plus les ense-
velir vivantes, de ne point mutiler les hommes ou les
femmes, et de ne point les traîner, sauf le cas de délit
sur leur voirie...»

Deux cents ans plus tard, on n'enterrait plus les femmes vivantes, à Paris du moins, où la coutume atroce
s'était pourtant perpétuée jusqu'au XVe siècle, mais on
les brûlait encore. Quant aux hommes, on sait qu'il
suffisait de baptiser « blasphème » une opinion religieuse un peu indépendante pour mériter le bûcher à
ceux qui avaient le courage de la professer.

Et c'est pourquoi le «luthérien» Jean Fouan ou Fonain,
un simple cordonnier, originaire de Tournay fut
condamné à faire amende honorable, à être pendu à
une chaîne de fer et finalement brûlé dit le *Journal
d'un bourgeois de Paris* « au carrefour du puits Ste-Geneviève. » Il mourut « misérablement » c'est-à-dire sans
se repentir, et son procès fut brûlé avec lui. Le malheureux avait été banni de Tournay comme sectateur
de Luther. Il demeurait au faubourg St-Jacques « devant la boucherie » (1) (5 mai 1535) .

(1) Lebeuf, éd. Cocheris, *Histoire de la ville de Paris*, t. 2., p.
620.
   Cf. *Bull.*, 1890, p. 259.

La place Maubert

CHAPITRE XI

La place Maubert

La place Maubert. — Origine de ce nom. — Une représentation satirique en 1515. — Les martyrs. — Guillaume Joubert, Jacques de la Croix dit Alexandre ou Laurent Canus. — Antoine Augereau. — Deux exécutions en 1542. — Impressions d'un témoin catholique. — François Bribart. — Jean Chapot. — Etienne Dolet. — Nicolas Clinet. — Taurin Gravelle. — Philippe de Luns, dame de Graveron. — Conclusion. — Un mot d'Emile Boutroux. — Une citation de Michelet.

Le nom de place Maubert évoque des idées sinistres. La statue de Dolet que l'on y a dressée exprime la protestation de l'esprit moderne contre la barbarie d'autrefois. Cette place, devenue aujourd'hui banale, était une des plus curieuses du Paris d'autrefois.

D'où vient son nom ? « Il lui a été donné, dit un vieil

auteur (1), par corruption de maître Albert, parce qu'
Albert le Grand, qui a été de son temps l'ornement de
l'Université, étant venu de Cologne en cette ville, fut
suivi d'un si grand nombre d'écoliers, que la classe ordinaire n'étant pas assez grande pour les contenir, ce
célèbre docteur fut obligé de donner ses leçons au milieu de cette place qui en a retenu le nom. » C'est la tradition légendaire. D'autres pensent que ce nom de
Maubert vient d'un abbé de St-Germain-des-Prés qui
permit le premier aux Parisiens de bâtir sur cette partie du territoire dépendant de son abbaye.

Quoi qu'il en soit, la place était célèbre au Moyen-
Age, et au XVIe siècle encore, par les fêtes universitai-
res qui s'y donnaient et les joyeux devis qu'on y pouvait
entendre. Elle était en même temps le lieu d'exécution
des « criminels » jugés par l'Université, et, comme en
Grève, les marchés, les spectacles et les jeux y alter-
naient avec les pendaisons et les bûchers.

Au printemps de 1515, une scène joyeuse avait fort
amusé les écoliers de la place Maubert. Un prêtre qui
se faisait appeler M. Cruche, y avait représenté certaine
sottise, moralité, sermon et farce qui était une satire
des grands seigneurs « qui portaient du drap d'or à crédit et emportaient leurs terres sur leurs épaules. » Il
montrait aussi une certaine lanterne où l'on voyait une
poule sous une salamandre (1) et « cette poule portait
sur elle une chose qui était assez pour faire mourir dix

(1) *Les curiosités de Paris*, t. I, p. 3i3.
(2) Allusion aux armes de François Ier.

hommes. » Cette poule symbolique était une allusion
fort claire à Jeanne Le Coq, mariée à l'avocat Disome,
et dont les complaisances pour le roi étaient connues
de tous... Le roi était jeune. Il résolut de se venger de
l'insolent sans recourir à la justice. Une dizaine de ses
gentilshommes se rendirent à la *Taverne du Château*,
rue de la Juiverie et le sieur Cruche y fut mandé pour y
jouer sa farce. Il fut contraint de s'exécuter, après quoi
il fut « dépouillé en chemise, battu de sangles merveil-
leusement et mis en grande misère. » Les amis du roi
avaient même apporté un sac pour le mettre dedans et
le jeter à la rivière. Mais le bonhomme cria si fort qu'il
était prêtre, qu'il portait la tonsure, que les conjurés
n'osèrent pousser plus loin leur vengeance.

La Réforme naissante ne tarda pas à avoir ses victimes place Maubert. Le premier martyr de la Réforme
qui y ait été brûlé, s'appelait Guillaume Joubert. Voici
ce qu'on lit à ce sujet dans le *Livre de raison de Nicolas
Versorīs* (1).

« Le samedi XVIIe jour de février (1526), en karesme,
ung nommé maistre Guillaume Jobert, (1), natif de la
ville de la Rochelle, fils de l'avocat du roy de lad. ville,
licientié en loix, demeurant pour lors à Paris, comme
sont demeurant jeunes licentiés pour veoir et cognois-
tre de la pratique, pour plusieurs blasphèmes par luy
dictz et recitez contre l'honneur de Dieu, de sa très sacrée et intémérée mère et vierge Marie, condempné fust
à estre mené au parvy Notre-Dame et là faire admende

(1) p. 88.

honorable, de là mené dans ung tombereau devant l'Eglise madame Ste-Geneviève, intégrité de laquelle s'estoit efforcé de violer, faire pareille amende honorable, puys mené à la place Maubert, après luy avoir percé la langue, estranglé fust et bruslé à ung instant. Les informacions et procès contre luy fait, fust trové si abhominable et honteux que par arrest fust condempné à estre brûlé quant et led. personnaige, parce que les choses dont il estoit accusé valloient mieux estre cellés que dictez et recitez. Dieu lui face pardon. Il mourust par conrection bon chrestien. Je estois présent. »

L'annotateur de Versoris, M. Fagniez, se trompe dans ses conjectures quand il suppose qu'il s'agit ici de deux personnages dont l'un était coupable de crime contre nature. Il a été trompé par la bigoterie de Versoris. Il s'agit simplement du crime reproché déjà à Jean Vallière, qui fut aussi brûlé avec son procès, parce qu'il s'élevait contre la conception miraculeuse de la vierge Marie.

Le journal de Driart (1), nous donne l'âge du martyr. Il avait 24 ans. Driart lui-même, la *Cronique* (2), le *Journal d'un bourgeois de Paris* (3), s'accordent tous pour voir en Guillaume Joubert, non l'être impur qu'a supposé M. Fagniez, mais un jeune avocat qui avait proféré quelques paroles blasphématoires « contre Dieu et sa glorieuse mère et les benoists saincts et sainctes. » On sait ce que cela veut dire dans la bouche d'un ecclé-

(1) p. 114.
(2) p. 55.
(3) p. 291.

siastique du XVIe siècle : Joubert était simplement imbu des idées de la Réforme (1).

Le 18 juin 1534, nouveau bûcher d'hérésie. Il s'agit cette fois d'un ancien Jacobin qui, atteint et convaincu d'hérésie, fut dégradé devant Notre-Dame par l'évêque de Paris, et livré ensuite à la justice laïque qui le fit brûler tout vif place Maubert. Il s'appelait Jacques De la Croix, dit Alexandre ou Laurent Canus, natif de Caen au diocèse d'Evreux. Un document de la Bibliothèque nationale reproduit par divers auteurs, prétend, dans une sorte d'amphibologie voulue, qu'il avait été à Lyon où il s'était marié à deux femmes. Mais nous savous la facilité avec laquelle on calomnie les hérétiques; le renseignement est absurde. Les auteurs du *Martyrologe* n'auraient point accueilli Alexandre Canus dans leur galerie de Martyrs, s'il y avait eu quelque chose à lui reprocher dans sa vie. S'il eût été « bigame », les réformés de Lyon où il exerçait son ministère, auraient été les premiers à le dénoncer.

Alexandre Canus désireux de professer librement sa foi s'était retiré en Suisse dans le canton de Neuchâtel, puis à Genève, au moment même où Farel s'efforçait d'y faire pénétrer l'Evangile. Là, il s'était trouvé en lutte violente avec le dominicain Furbity. Indigné d'entendre celui-ci traiter de chiens enragés, de juifs, de turcs, etc..., ceux qui mangeaient de la viande le vendredi, lisaient la Bible en langue vulgaire ou niaient la supré-

(1) Voyez les arrêts du Parlement qui le concernent. *Bull.* 1895, p. 443. Cf. *Bull.* 1894, p. 257.

matie du pape, il lui tint tête et lui offrit de prouver publiquement ses erreurs. Le conseil de Genève le fit arrêter et le condamna au bannissement. Canus rentra alors en France, passa par Mâcon, prêchant hardiment l'Evangile. Venu à Lyon, il y prêcha le jour de Pâques 1534, et le lendemain devant un grand auditoire. Il y avait alors à Lyon des orfèvres « fidèles ». La justice avertie des assemblées que tenaient les réformés, fit arrêter Canus et le condamna à mort. Il en appela, et c'est ce qui l'amena à Paris. En route, il convertit le capitaine qui le conduisait. C'est qu'il était mû d'un grand zèle, dit Froment, et savant, « car il avait bien profité et longtemps étudié dans Paris. » Canus exerça dans les débuts de la Réforme française un rôle assez important pour que Théodore de Bèze lui ait consacré un article dans ses *Vrays Pourtraits* (p. 173).

Mis à la torture à Paris, il en eut une jambe rompue. « Mon Dieu, s'écriait-il au milieu de ces tourments, il n'y a pitié ni miséricorde en ces hommes ; fais que je la trouve en toi. » Guillaume Budé qui « était de grande autorité et crédit par son savoir et érudition exquise », finit par faire observer aux bourreaux du Parlement, qu'on avait par trop tourmenté le pauvre patient.

Ses juges n'ayant pu lui extorquer les noms de ses frères, le condamnèrent à mort. Il devait être préalablement dégradé devant Notre Dame. « Pendant qu'on faisait tous les mystères accoutumés, » Canus restait silencieux, car il craignait qu'on lui coupât la langue. Mais ses gestes et son sourire disaient assez ce qu'il pensait de la sotte cérémonie dont il était le héros. Quand on l'eut revêtu d'une robe de fou, il bénit Dieu de lui avoir donné la livrée que Jésus lui-même reçut dans la maison d'Hérode.

Mené dans un tombereau à la place Maubert, il exhortait le peuple qui le suivait... Plusieurs murmuraient qu'on le faisait mourir à tort.

Arrivé au pied du poteau, il obtint du lieutenant criminel du Châtelet, Jean Morin, et du chantre de la sainte Chapelle, la permission de parler. Il fit alors « un sermon excellent et de merveilleuse efficace, » dans lequel il rendait raison de sa foi et traitait de la Cène du Seigneur « avec telle véhémnce et vivacité d'esprit », que plusieurs fidèles qui l'avaient entendu prêcher confessèrent qu'il n'avait jamais mieux parlé. (1).

Quand il eut fini, il dit : « Allons », et ayant prié les yeux levés au ciel, il disait au milieu du feu : « Prions Jésus-Christ qu'il ait pitié de nous et qu'il reçoive mon esprit. » Et, jusqu'à la fin on l'entendit crier à haute voix jusqu'à ce qu'il ait rendu l'esprit : « Mon Rédempteur, aie pitié de moi. »

Des morts comme celle-là, recrutaient en masse des adhérents à la Réforme française.

Parmi ceux qui virent mourir Canus, les uns, dit Crespin, disaient que si cet homme n'était sauvé, personne ne le serait, les autres se frappaient la poitrine en disant qu'on avait fait tort à cet homme qui ne parlait que de Dieu. D'autres enfin disaient qu'il était mort « obstiné en sa loi ».

(1) Froment et Crespin reproduisent ces paroles qui « avaient été mises par écrit par gens fidèles. »

Pour avoir une idée de la valeur du récit de Crespin, il est bon de relire le récit catholique de la mort de Canus. On sera frappé de la concordance. « Quand il fut à la place Maubert, et descendu d'un tombereau, il pria MM. les docteurs qui le conduisaient avec le greffier criminel du Parlement, lui donner congé de faire une petite harangue, ce qui lui fut octroyé, et commença fort bien à parler du saint sacrement de l'autel, mais à la fin n'en valut rien ; parquoi, mes dits seigneurs les docteurs ne le voulurent laisser achever et fut brûlé tout vif avec son procès ; mais toujours criait « Jésus ! » et encore lui étant dedans le feu. » (1)

On comprend que le Parlement pour éviter de pareils discours ait décidé dès lors de couper préalablement la langue à ceux qui étaient décidément des « hérétiques obstinés. » (2).

Canus mourut en juin.

Le 20 novembre, on amena place Maubert, pour y être étranglé et brûlé, un libraire qui demeurait tout près de là et dont le crime consistait à relier et à vendre (3), des livres de Luther. Le 24 décembre, c'est le tour d'un imprimeur, Antoine Augereau.

Antoine Augereau était originaire de Fontenay-le-Comte, en Vendée. Il venait de publier à Paris, dans

---

(1) *Journal d'un bourgeois de Paris*, éd. Bourilly, p. 435.

(2) Voyez sur Alexandre Canus : *Martyrologe*, éd. Toulouse, t. I. p. 285 ; Froment, *Actes de Genève*, p. 75 et ss. ; Herminjard, *Corresp. des Réformateurs*, III, 121 et *passim ;* de Bèze, *Les vrays Pourtraits*, p. 173.

(3) *Journal d'un Bourgeois de Paris*, p. 380.

cette année 1533, le fameux livre de la reine Margue-
rit, *Le miroir de l'âme pécheresse* qui avait paru pour
la première fois à Alençon, en 1531. La Sorbonne s'était
jetée sur le livre et l'avait condamné sans en connaître
l'auteur. Mais la reine Marguerite se fit connaître, se
plaignit à son frère du traitement subi par son opuscule.
Examiné à nouveau, celui-ci fut trouvé orthodoxe par
l'évêque de Senlis, Guillaume Parvi, et le tout se termina par des excuses. L'imprimeur du volume ne réussit pas à se tirer aussi bien d'affaire. Condamné comme
complice des afficheurs du placard de 1534, et comme
imprimeur de « faux livres, » il fut étranglé dans une
poterne avant d'être brûlé.

Le 18 septembre 1535, on brûla vif dans Paris, deux
jeunes gens originaires de Tours. L'un, place Maubert,
l'autre au cimetière St-Jean. C'étaient « de jeunes compagnons faiseurs de rubans de soie et de tissus. »

Quel effet produisait sur les spectateurs tant soit peu
éclairés la barbare exécution d'aussi braves gens ? Le
document qui suit va nous en donner une idée.

Deux exécutions à Paris pour cause d'hérésie.

Lettre d'un jeune allemand, témoin oculaire 1542.

(Communiqué par M. A. Müntz). *Bull.* 1858, p. 420.

On lira sans doute avec un profond intérêt la lettre
qui suit. Elle fut adressée, en 1542, par un jeune Allemand catholique, *Eustathius de Knobelsdorf*, qui s'était
rendu à Paris dans l'intérêt de ses études, au savant
théologien *Georges Cassander*, catholique comme lui,

mais comme lui porté à des sentiments de concession à l'égard du nouveau culte. Nous traduisons cette pièce du latin, sauf une vingtaine de lignes au commencement, que nous omettons parce qu'elles ne renferment que l'expression de l'attachement du jeune correspondant pour Cassander, dont il avait probablement été l'élève (1).

Au très savant George Cassander, professeur au collège de Bruges.

... Vous me priez, très honoré ami, de vous communiquer exactement ce que j'ai pu savoir des luthériens condamnés à être brûlés. Je sais le faire, autant que la brièveté du temps me le permet, car il faut que je réponde à votre lettre au moment même où je viens de la recevoir, sous peine de laisser le messager s'en retourner les mains vides.

Je vous ai parlé des services de prières qui se faisaient ici ; je pensais alors qu'ils n'avaient rien d'extraordinaire ; mais, depuis, j'ai su qu'ils ont une cause spéciale et qu'ils se rapportent à des événements mal-

(1). Cette lettre se trouve dans le recueil intitulé : *Illustrium et Clarorum virorum epistolæ selectiores, superiore sæculo scriptæ vel à Belgis vel ad Belgas.* Lugduni Batavorum, 1617. Elle est citée par M. le professeur Baum, dans sa *Vie de Th. de Bèze.*

Ce même Eustache de Knobelsdorf est l'auteur d'un poème sur Paris intitulé : *Lutetiæ Parisiorum descriptio,* authore Eustathio a Knobelsdorf, pruteno, Parisiis, apud Christianum Wechelium, 1543, in-8° (*Bibl. Mazarine,* n° 10675.). Cf. le texte latin de cette lettre dans Herminjard, *Correspond. des Réformateurs,* t. VIII, p. 59.

heureux. Le roi de France avait écrit au Parlement de Paris pour lui recommander d'ordonner des prières publiques à cette fin qu'il réussit à recouvrer son patrimoine légitime, détenu injustement par des usurpateurs (1) et à venger la mort de ses envoyés, qui avaient été tués contrairement au droit des gens, à toute humanité et à toute foi. En outre, le roi recommandait au Parlement de faire exécuter, selon l'usage, les gens hétérodoxes qui se trouvaient détenus dans les prisons. On se hâta d'obtempérer au vœu du roi et, après de nombreuses processions, un service général de supplications fut célébré avec beaucoup de pompe par tout le clergé et tout le peuple. Des prédicateurs furent chargés d'apprendre au peuple que le but principal de cette solennité était d'obtenir du ciel le succès des entreprises du roi et le relèvement de l'Eglise romaine, très gravement menacée, et qu'en conséquence on brûlerait vifs, après la solennité, huit individus qui avaient mal parlé du siège apostolique (2).

A peine le service de prières était-il terminé que la foule se porta à la place Maubert pour y attendre les victimes. Mais ce jour-là rien ne fut fait. Les luthériens, à ce qu'on disait, en avaient appelé au Parlement. J en ai vu brûler deux. Leur sort m'inspira des sentiments

(1) Le Milanais, probablement.

(2) C'est-à-dire le siège de Rome : style introduit par les bulles pontificales, absolument comme s'il n'y avait eu d'apôtre que dans la ville aux sept collines. C'est par un abus semblable qu'on appelle l'Eglise de Rome, fondée après tant d'autres, *Mater omnium Ecclesiarum*.

bien divers. Si vous y aviez été, vous auriez souhaité à
ces infortunés un châtiment moins rigoureux.

Le premier était un tout jeune homme, encore sans
barbe, à peine un peu de duvet lui avait poussé au men-
ton ; la plupart des assistants ne lui donnaient pas vingt
ans. Il était fils d'un cordonnier. L'autre était un vieillard plus que sexagénaire, déjà affaissé par l'âge, d'une
figure vénérable, avec une longue barbe blanche. Le
jeune avait dit des choses malsonnantes sur les images
miraculeuses (ici on ne les vénère pas seulement, on ac-
court de toutes parts pour les adorer) ; il avait soutenu
qu'elles ne diffèrent guère des dieux de pierre des Gen-
tils, et qu'on doit les rejeter des temples chrétiens si elles
deviennent une occasion d'idolâtrie. Il était accusé d'a-
voir tenu encore d'autres propos qui se rapprochaient
des doctrines de Luther. Quand on l'exhorta à se rétracter, loin de le faire, il se déclara prêt à confirmer
même par sa mort ce qu'il avait avancé. Il fut amené
devant les juges et condamné à avoir la langue coupée
et à être brûlé ensuite. Sans changer de visage, le jeune
homme présenta sa langue au couteau du bourreau, en
la sortant autant qu'il pouvait. Le bourreau la tira encore davantage avec une pince, la coupa et en frappa
plusieurs fois les joues du patient. On dit que ceux de
la foule qui étaient le plus près (ô piété des Français !)
ramassèrent cette langue encore palpitante et la jetèrent
à la figure du jeune homme ! — Placé ensuite sur une
charrette, celui-ci fut conduit au lieu du supplice ; mais,
à le voir, on eût dit qu'il allait à un festin. Il descendit
spontanément et seul de la voiture, et se plaça à côté du

poteau qui devait servir à l'exécution. Quand on lui eut
mis la chaîne autour du corps, je ne puis vous dire avec
quelle égalité d'âme et avec quelle expression dans les
traits il supporta les cris d'allégresse et les insultes de
la foule ameutée contre lui (*insultantis turbae plausum
et oblatrationem*). Il ne proférait aucun son ; de temps
à autre il crachait le sang qui emplissait sa bouche, et
il dirigeait ses yeux vers le ciel, comme s'il s'atten lait
encore à quelque secours miraculeux. Quand on eut
couvert sa tête de soufre, le bourreau lui montra le feu
d'un air menaçant ; mais le jeune homme, sans s'effra-
yer, fit comprendre, par un mouvement de son corps,
qu'il se laissait brûler volontiers. En vérité, cher Cassander, je doute que les illustres philosophes qui ont
tant écrit sur le mépris de la mort eussent supporté avec
la même constance de si cruels tourments, tant cet ado-
lescent paraissait élevé au-dessus de ce qui est de l'homme.

Le sort du vieillard fut un peu plus doux, mais me
révolta beaucoup plus. C'était un bourgeois de Paris,
père d'une nombreuse famille, estimé à cause de sa vie
honnête. Ayant tenu quelques propos trop libres contre
les moines au sujet de l'invocation des saints (car ici il
faut être sur ses gardes), et ayant dit que tous les chrétiens sont prêtres, il fut convaincu par des témoins et
jeté en prison. Attaqué là par des théologiens, il fut
aisément réduit au silence ; il ne savait pas discuter
Il avoua son erreur et déclara qu'il se repentait. Ce
triomphe vint fort à propos pour le clergé, car de telles
gens donnent souvent beaucoup de besogne, même à

nos docteurs les plus fameux. On exhorta le vieillard à persévérer dans ses sentiments de pénitence et on lui dit qu'il mourrait ainsi en chrétien, tandis que s'il ne s'était point rétracté, il serait mort en luthérien. Il fut lié par le bourreau et placé sur une charrette, à côté de deux jeunes gens qui furent attachés à lui, revêtus de chemises blanches et portant dans leurs mains des torches ardentes. Ils avaient entendu le vieillard parler contre les moines et ne l'avaient point dénoncé. C'était là leur crime. Conduits avec le vieillard à l'église de Notre-Dame (*in templum Deiparae Virginis*), ils y obtinrent leur pardon. Le vieillard y dut de nouveau se rétracter en invoquant la sainte Vierge. De là il fut mené au gibet, où il répéta qu'il avait tout rétracté et qu'il n'avait rien de commun avec Luther. En conséquence, il fut subitement étranglé, puis jeté, demi-mort, dans les flammes. Beaucoup d'assistants jugeaient cette peine trop douce; ils auraient voulu voir le vieillard brûlé vif. S'ils m'avaient interrogé, ils auraient trouvé en moi des sentiments tout à fait opposés. Qu'y a-t-il, en effet, de plus indigne que de livrer un homme au feu pour une erreur qu'il ne défend pas obstinément ? Les saints Pères eux-mêmes n'ont-ils pas dit que l'hérésie consiste dans l'opiniâtreté ? Ce malheureux vieillard fut brûlé peu de jours après le départ de Cornélius (1). J'apprends que le même sort attend des victimes innombrables. Prions Dieu pour que ces gens se convertissent s'ils sont dans l'erreur ; si au contraire ils ont raison, Dieu veuille leur

(1) Cornelius Gualtherus (Wonters) chanoine à Bruges.

donner de combattre intrépidement ! Mais en voilà plus qu'assez, il faut que je m'arrête. Veuillez lire, dans des sentiments d'indulgence et d'amitié, ce récit fait à la hâte. Adieu.

Paris, le 10 juillet 1542.

EUSTACHIUS DE KNOBELSDORF.

Les cendres n'avaient pas le temps de refroidir à la place Maubert. Voici ce que nous lisons dans le *Martyrologe* à la date de 1543. « En la fureur de cette persécution émue par les Sorbonnistes (1) de Paris, plusieurs excellents témoins de la vraie et pure doctrine de l'Evangile furent exécutés en divers lieux en France. En la ville de Paris, François Bribart, secrétaire de Jean du Bellay, cardinal et évêque de Paris, donne ample et suffisant témoignage que la vérité du Seigneur lui était plus précieuse que les mensonges de ses adversaires, ni que sa propre vie... On le mena au supplice comme un agneau paisible. *La langue lui étant coupée au sortir de la Conciergerie*, il ne cessa, par signes manifestes, de déclarer l'espérance qui était en lui. Il fut brûlé, en la place Maubert, l'an 1543 (2). »

Et voici maintenant, le 19 juillet 1546, le martyre de Jean Chapot.

C'était un jeune dauphinois, instruit, qui, d'abord

---

(1) C'est-à-dire la Faculté de théologie.

(2) *Martyrologe*, éd. Toulouse, I, 381. Il y a ici une erreur de date ou plutôt simplement d'impression. François Bribart fut brûlé le 8 janvier 1545. Voyez *Archives nationales* X ^{2a} 97, et N. Weiss, qui fournit l'indication, *Chambre ardente*, p. XXXIII.

réfugié à Genève, en était sorti pour revenir à Paris où il s'efforçait de vendre et de distribuer des livres des Saintes-Ecritures et autres traités réformés. Son zèle le fit tomber entre les mains du libraire Jean André qui faisait métier de trahir et de dénoncer ceux qui achetaient ou vendaient les livres suspects d'hérésie. Lizet destitué de sa charge au Parlement était devenu — malgré sa flagrante immoralité abbé de St-Victor et il continuait à faire du zèle contre les novateurs qu'il ne pouvait plus brûler. Jean André était à sa solde et à celle des « Sorbonnistes ».

Pierre Chapot dénoncé et pris comparut devant la Chambre ardente du Parlement. Il sut si bien tenir tête aux conseillers et aux juges, il plaida si bien son bon droit de faire la Ste-Ecriture juge dans la querelle alors soulevée, que la Cour fit chercher trois docteurs, Nicolas Clerici, doyen de la Faculté de théologie, Jean Picard et Nicolas Maillard. Ceux-ci, habitués à voir condamner les hérétiques sur leur simple rapport se refusèrent d'abord à la discussion sous prétexte que c'était une chance de mauvaise conséquence que de disputer avec des hérétiques. Cependant la douceur de Chapot les fit entrer dans la discussion. Tandis qu'ils se retranchaient derrière les conciles, les coutumes, les articles et déterminations, Chapot en revenait toujours à la règle certaine, l'Ecriture, et il en appelait aux juges les exhortant à rechercher eux-mêmes la vérité sans se laisser empêcher et détourner par rien. Si bien que les maîtres Docteurs, confus de voir mise au jour « leur ânerie et impudence » se retirèrent furieux et menaçants.

Pendant ce temps, Chapot en prières rendait grâces à Dieu qui l'avait aidé dans la défense de sa cause et le suppliait d'inspirer à la noble compagnie un jugement juste et droit.

Chapot ayant été invité à se retirer, un débat violent s'engagea entre le Président et les conseillers et Chapot eût été absous sans l'acharnement du rapporteur de son procès (un homme confit en impiété, pollutions et vilenies) qui insista pour qu'on le fit mourir. Chapot rappelé eut beau montrer qu'en condamnant ses livres, c'est la Ste-Bible que l'on condamnait aussi. « L'impudence des plus effrontés gagna la couardise des autres, qui avaient été intimidés par les Sorbonnistes. Tout ce qu'il obtint c'est d'être brûlé vif sans avoir la langue coupée au préalable.

Parvenu à la place Maubert, Chapot que l'on avait soumis à la question extraordinaire pour essayer de lui faire dire le nom de ceux qui lui avaient acheté des livres, demanda que l'on soulevât son pauvre corps démembré pour qu'il pût un peu parler au peuple selon la permission de la Cour. Deux hommes le soulevèrent debout sur la charrette qui l'avait amené. Il commença à dire : Peuple chrétien, peuple chrétien, mais il eut une faiblesse et ne put que dire faiblement : « Seigneur, donne-moi la force que j'ai toujours demandée, de pouvoir rendre raison de ma foi aux hommes, afin qu'ils connaissent que je ne suis pas hérétique mais entièrement d'accord avec l'Eglise catholique et vraiment chrétienne ». Puis, retrouvant des forces il exposa sa foi, en commentant le symbole des apôtres et se défendant d'avoir offensé la Vierge Marie. Mais quand il en arriva à la Cène et à la différence qu'il y a entre elle et la Messe, Maillard l'arrêta tout net. Dans la foule, des écoliers protestèrent, il y eut un peu de tumulte dont Maillard profita pour faire descendre Chapot et pour hâter l'exécution. Chapot ayant été dépouillé de ses habits et élevé en l'air, Maillard lui criait : « Dites seulement *Ave Maria* et vous serez étranglé (1). Mais Chapot disait sans cesse : « Jésus, fils de David aie pitié de moi ! » Quelques-uns prétendirent qu'extrêmement pressé par Maillard il lui échappa de dire : « Jésus Maria ! » mais se repentant aussitôt, il s'écria : « O Dieu, qu'ai-je fait. Pardonne-moi, Seigneur, c'est à toi seul... ! »

Maillard trouva le mot suffisant il fit tirer la corde et le martyr fut étranglé.

Ce terrible épisode eut un épilogue. Après l'exécution, Maillard se rendit au Parlement et se plaignit vivement à la Chambre ardente de n'avoir pu empêcher le martyr de parler, que ses paroles avaient produit un tumulte et que si l'on faisait ainsi pour les autres, tout serait perdu. Il importuna tellement la Cour qu'il fut décidé que désormais on couperait toujours les langues des condamnés dans la prison même pour que le peuple ne soit pas séduit par leurs discours (2).

De pareilles décisions provoquées par des docteurs de l'Eglise se passent de tout commentaire.

(1) Etranglé avant de sentir le feu.
(2) *Martyrologe*, I, 514 et suiv.

Etienne DOLET

3 Août 1546

Etienne Dolet fut à son tour brûlé sur la place Maubert le 3 août 1546.

Qu'est-ce que Dolet :

« C'est le Christ de la pensée libre » a dit Boulmier. Douen l'a trop « protestantisé » et Henri Bordier, par réaction, l'a mis trop en dehors de ce qu'on appelait au XVIe siècle le courant « luthérien ». Nous dirions mieux aujourd'hui c'est le type du libre croyant.

Humaniste et imprimeur, Etienne Dolet naquit à Orléans en 1509, l'année même où Calvin naissait à Noyon.

Il vint de bonne heure étudier à Paris, dès 1521. En 1525, il était l'élève de ce Nicolas Bérauld qui fut aussi le précepteur des Chatillon, de Coligny. En 1526, Dolet part pour l'Italie et séjourne trois ans à Padoue. Puis il suit à Venise le cardinal Jean du Bellay-Langey, dont il devient le secrétaire (1). Il revient avec lui en France et c'est alors que sur les conseils de son protecteur, il se décide à se rendre à Toulouse pour y étudier le droit. C'était en 1530. La vie universitaire y était intense et parfois désordonnée. Les nouvelles idées religieuses n'avaient pas tardé à pénétrer dans la ville et la répression y avait été très dure. Etienne Dolet élu orateur de la nation de France, c'est-à-dire de la corporation

(1) Remarquons en passant que Jean du Bellay eut deux de ses secrétaires brûlés comme hérétiques François Bribart et Dolet lui-même.

d'étudiants qui portait ce nom, prononça le 9 octobre 1532 un discours virulent où il attaquait le violent esprit de réaction qui s'était emparé des autorités locales : « Chez quel gens vivons-nous, disait-il, la grossièreté des Scythes, la monstrueuse barbarie des Gêtes, ont-elles fait irruption dans cette ville, pour que les pestes humaines qui l'habitent, haïssent, persécutent et proscrivent ainsi la sainte pensée ? » Il opposait les Toulousains aux Turcs. « Les Turcs laissent les chrétiens s'assembler entre eux... il n'en est pas ainsi des magistrats toulousains : nous pratiquons avec eux la même religion, nous vivons soumis au même gouvernement, nous parlons à peu près la même langue. Eh bien, toutes ces considérations ne les empêchent pas de nous traiter en étrangers et en ennemis... » (1).

Tout cela n'était que trop vrai. En 1531, un savant latiniste, Bunel avait été proscrit comme luthérien et en juin 1532, un autre professeur Jean Caturce, ou plutôt Jean de Cahors, avait été brûlé pour un crime original. Profondément religieux et chrétien, Jean de Cahors avait proposé à ses amis réunis le jour des Rois de remplacer la formule absurde *le roi boit...* par cette déclaration chrétienne : *Jésus-Christ règne dans nos cœurs !* Ce toast devait lui coûter la vie !

Le supplice de Jean de Cahors avait impressionné ses élèves, les étudiants en général. Beaucoup d'entre eux frappés de son héroïque courage avaient adopté les idées nouvelles.

(1) Boulmier, *Dolet*, p. 33.

Rabelais, ami de Dolet, et qui avait pris le parti de rire de ces choses pour ne pas en pleurer, y avait fait dans son *Pantagruel* (1) une claire allusion.

Dolet est plus clair encore. « Vous avez tous vu brûler vif, disait-il dans son second discours sur Toulouse, ici même, dans cette ville, un malheureux dont je passe le nom sous silence. La flamme du bûcher a dévoré sa dépouille mortelle, mais celle de l'envie s'acharne encore après sa mémoire. Admettons qu'il ait poussé trop loin l'audace de ses discours, qu'il ait presque toujours manqué de modération dans son langage, qu'il ait été scélérat des pieds à la tête et qu'il ait mérité mille fois le supplice des hérétiques, devait-on néanmoins, à l'heure où il faisait acte de repentir lui fermer brusquement la route vers les idées plus saines... ? » (2).

Défendre un luthérien, c'était grave. D'autant plus que Dolet s'attaquait en même temps aux superstitions locales : « Toulouse en est encore aux plus informes rudiments du culte chrétien... Comment qualifier, en effet, cette cérémonie qui a lieu tous les ans, le jour de la fête de St-Georges, et qui consiste à faire neuf fois le tour de l'église sur des chevaux lancés au galop ? ... Que pensez-vous de cette croix qu'à de cer-

(1) Livre II, ch. V. « De là (Pantagruel) vint à Toulouse, où apprit fort bien à dancer et à jouer de l'espée à deux mains, comme est l'usance des écoliers de ladite Université ; mais il n'y demeura guères, quand il vit qu'ils faisaient brûler leurs régents tout vifs comme harengs sorets, disant : Ià Dieu ne plaise que ainsi je meure, car je suis de ma nature assez altéré sans me chauffer davantage. »

(2) Boulmier, *Dolet*, p. 45.

tains jours on plonge dans la Garonne, comme pour amadouer un Eridan, un Danube, un Nil quelconque ou le vieux père Océan ? Que signifient ces vœux adressés au fleuve, soit pour en obtenir un cours paisible, soit pour se préserver d'une inondation ? Que veulent dire, en été, quand la sécheresse fait désirer la pluie, ces statues de saints, ces magots de bois pourri, que des enfants promènent par la ville ? Et cette ville, si honteusement ignare en fait de religion véritable, cette ville ose imposer à tous un christianisme de sa façon, et traiter d'hérétiques les libres esprits qui n'en veulent pas ? (1)

Non content de s'élever contre ces restes d'un paganisme christianisé, Dolet signalait les injustes sentences prononcées contre les meilleurs des hommes : « Le parlement a persécuté, disait-il, Jean Boissonné le plus intègre des hommes, Mathieu Pacus, Pierre Bunel, Jean de Pins, si respectable pour sa vertu. Je n'en finirais pas, si je voulais rapporter tous les exemples de cruauté donnés publiquement à Toulouse... » (2).

Le Parlement de Toulouse ne pouvait laisser impuni un pareil langage. Dolet fut mis en prison le 25 mars 1533. L'intervention de Jean de Pins, évêque de Rieux et de son ami Boyssonné fit relâcher Dolet, mais il fut banni de la ville et il gagna Lyon où il trouva du travail chez le célèbre imprimeur allemand Gryphius. C'est là qu'il publia ses Discours contre Toulouse et

(1) Boulmier, *Dolet*, p. 40.
(2) *France Protestante*, art. *Dolet*.

quelques sonnets latins où il traitait dûrement ses persécuteurs.

L'épisode toulousain l'avait dégoûté du droit et Paris tenta de nouveau l'ardent polémiste que Dolet était déjà. Il rentre à Paris, de Lyon, le 15 octobre 1534. Il travaille et dûrement — mais l'heure n'était pas favorable aux libres esprits. L'affaire des placards luthériens affichés dans Paris et jusqu'à la porte de la Chambre à coucher du roi, avait provoqué les terribles mesures que l'on sait. Les bûchers avaient flambé dans tous les coins de Paris. Le 18 novembre, Dolet écrivait à un de ses amis de Lyon, Guillaume de Scève : « Il n'est bruit dans le public que des offenses faites au Christ par les luthériens... C'est pourquoi beaucoup de personnes, non seulement du bas peuple, mais du corps respectable des marchands, soupçonnés de partager l'erreur luthérienne ont été jetés en prison. J'assiste à ces drames en simple spectateur, ayant pitié du malheur des uns et riant de la folie des autres, quand je les vois braver la mort par une sotte persévérance et une intolérable obstination. »

Evidemment, Dolet n'avait pas la vocation du martyre. Ses convictions n'étaient pas assez fortes pour le porter à braver la mort en les défendant. Il resta peu de temps dans ce Paris brûleur de prophètes. Il rentre à Lyon pour y publier son Dialogue sur l'imitation cicéronienne dirigé contre Erasme. Il y revient après un nouveau séjour à Paris pour y publier son œuvre capitale, ses *Commentaires sur la langue latine*, fruit d'un travail immense et judicieux. Une page de ce livre mieux que de longues explications, fera comprendre pourquoi s'est allumé sur la place Maubert le bûcher de Dolet. Nous avons déjà vu, ici même, comment la Faculté de théologie d'alors, la Sorbonne, traitait les partisans de la Réforme on de la Renaissance, l'ensemble des novateurs. Voici en quels termes Dolet osait dans son livre flétrir les ouvriers de la réaction furieuse qui allumait tant de bûchers : « Je ne saurais déguiser sous un lâche silence l'infamie de certains monstres à face humaine, qui, voulant frapper au cœur notre avenir littéraire, ont pensé qu'il fallait, de nos jours, anéantir l'art typographique. Que dis-je ? pensé ! N'ont-ils pas conseillé cet horrible meurtre à François de Valois, roi de France, c'est-à-dire à l'unique appui des lettres et des littérateurs, à leur partisan le plus chaud, à leur père le plus aimant ? Et quel motif ont-ils fait valoir ? Un seul : c'est qu'à les entendre, *l'erreur luthérienne* trouvait, dans la littérature et l'art typographique, un trop docile instrument de vulgarisation. Ridicule nation de crétins ! Comme si, par elles-mêmes, les armes étaient chose pernicieuse et fatale, et comme s'il fallait les supprimer à cause des blessures qu'elles font et de la mort qu'elles donnent !....

Heureusement que l'abominable, le monstrueux complot de la Sorbonaille, de ce ramas d'ivrognes et de sophistes, s'est vu briser par la sagesse et la prudence de Guillaume Budé, ce soleil scientifique de notre âge, et de Jean du Bellay, évêque de Paris, prélat hors ligne, autant par sa vertu que par sa haute dignité. » (1)

(1) *Commentaires*, t. I, col. 266, trad. par Boulmier, *Dolet*, p. 171.

Hélas ! Dolet se trompait. Ni Budé, ni le roi, ni personne alors n'était de taille à brider le complot qui réussit au contraire et Dolet ne devait pas tarder à s'en apercevoir.

En 1538, l'humaniste était devenu imprimeur. Parmi les ouvrages qui sortirent de son officine il y eut un volume de vers, *Carmina*, où Dolet exprimait avec sa verve mordante son opinion sur les moines les plus redoutables ennemis — avec le Parlement et la Sorbonne — de l'esprit nouveau : « La race des encapuchonnés, dit-il, ce bétail à tête basse, a toujours à la bouche le refrain suivant : *Nous sommes morts au monde*. Et pourtant, il mange à ravir ce digne bétail ; il ne boit pas trop mal ; il ronfle à merveille, enseveli dans sa crapule ; il sait faire place à l'amour et à toutes les voluptés. Est-ce là ce qu'ils appellent, ces révérends, *être morts au monde* ? Il s'agit de s'entendre : morts au monde, ils le sont assurément ; mais parce qu'on les voit, ici-bas, fatiguer la terre de leur masse inerte, et qu'ils ne sont bons à rien... qu'à la scélératesse et au vice. »

Voilà des traits qui ne se pardonnent pas et Dolet n'allait pas tarder à s'en apercevoir.

A mesure qu'il vieillissait, les idées de Dolet le rapprochait des « luthériens ». Certes, il n'accepte pas ce titre. Il était trop dangereux à porter. Les « luthériens » avaient d'ailleurs, eux aussi, leur orthodoxie que Dolet dépassait. Il n'en est pas moins vrai que nous trouvons sous la plume de Dolet beaucoup des thèses luthériennes et, devenu imprimeur, il se fera l'éditeur courageux de quelques-uns de ces livres d'Erasme, traduits par

Berquin et que nous avons déjà vus condamnés au feu avec leur traducteur. En 1542, il publie, entre autres, *Le chevalier chrétien*, le *Moyen de bien et catholiquement se confesser* d'Erasme, l'*Enfer* de Marot ; les *Epîtres et Evangiles des cinquante et deux dimanches de l'an* de Lefèvre d'Etaples, avec une *Epître au lecteur* de Dolet lui-même, *le Gargantua* de Rabelais, les *Prières et oraisons de la Bible*, les *Œuvres* de Clément Marot.

Il n'en fallait pas tant pour attirer sur soi les sévérités du pouvoir ecclésiastique et séculier Poursuivi à la requête du promoteur des causes de l'inquisition, Dolet fut arrêté à Lyon et mis dans les prisons de l'archevêché. L'inquisiteur général, Mathieu Orry, assisté de l'official de l'archevêque Etienne Faye, lui fit son procès et par sentence rendue le 20 octobre 1542, le malheureux Dolet fut déclaré « mauvais, scandaleux, schismatique, hérétique, fauteur et défenseur des hérétiques et erreurs, et pernicieux à la religion chrétienne. »

Dolet en appela au Parlement de Paris et, sur l'intercession de quelques amis, le roi lui accorda sa grâce, en juin 1543, à condition qu'il abjurerait les erreurs qui lui étaient imputées et que ses livres seraient brûlés sur la place publique.

Dolet, comme Rabelais, soutenait ses idées jusqu'au bûcher — exclusivement. Ses convictions, plus littéraires et oratoires que religieuses, ne lui imposaient pas de mourir pour elles. Il fit tout ce qu'on lui demandait et ses livres furent brûlés à sa place.

Toutefois ses ennemis n'avaient pas désarmé. Ils le firent retenir en prison jusqu'au 13 octobre et dès le 6 janvier 1544 il était de nouveau arrêté. On l'accusait d'avoir expédié à Paris deux ballots des livres défendus qui avaient motivé sa première condamnation. Il affirma et le fait est probable — qu'il était victime d'une noire machination, qu'il n'avait pas fait lui-même l'expédition en question. Quoiqu'il en soit, il réussit à s'échapper trois jours après son arrestation et à gagner le Piémont.

Malheureusement, Dolet s'était marié ; il avait une femme, un enfant. Le désir de les revoir l'emporta sur la prudence, il rentra à Lyon. Aussitôt reconnu, il fut emprisonné, pour de bon cette fois, (septembre 1544) et réintégré à la Conciergerie de Paris. Le procès reprit interminable et impitoyable. On l'accusa cette fois d'une traduction tendancieuse d'une phrase de Platon. Après la mort dit un personnage de Platon, tu ne seras plus rien du tout, οὐ γὰρ οὐκ ἔση. « La Sorbonne prétendit qu'il n'y a pas dans le texte l'idée de néant que Dolet y introduisait. La Sorbonne se trompait — mais toutes les armes étaient bonnes contre un hérétique. Dolet qui avait trop compté d'abord sur ses protecteurs sentit bientôt les affres du bûcher. Il se mit à exprimer ses sentiments dans une touchante complainte :

> Si au besoin le monde m'abandonne
> Et si de Dieu la volonté n'ordonne
> Que liberté encores on me donne,
>   Selon mon veuil,

> Dois-je en mon cœur pour cela mener deuil
> Et de regrets faire amas et recueil ?
> Non, pour certain, mais au ciel lever l'œuil
>   Sans autre égard.
> Sus donc, Esprit, laissez la chair à part ;
> Et devers Dieu qui tout bien nous départ
> Retirez-vous comme à votre rempart,
>   Votre fortresse...

Avant d'en venir à ces sentiments de résignation, Dolet avait connu des moments d'indignation vigoureuse :

> Que me veut-on ? Suis-je un diable cornu ?
> Suis-je pour traitre et boutefeu tenu ?
> Suis-je un larron ? un guetteur de chemin ?
> Suis-je un voleur ? un meurtrier inhumain ?
> Suis-je un loup gris ? Suis-je un monstre sur terre,
> Pour me livrer une si rude guerre ?
>
> . . . .

Dolet avait imprimé les œuvres de Melanchton, une Bible de Genève, l'Institution chrétienne de Jean Calvin ; il avait attaqué les superstition du temps, dit aux moines et à la Sorbonne d'alors quelques dures vérités, cela valait la mort. Le 3 août 1546, le tombereau le conduisit au lieu du supplice. Pour ne pas avoir la langue coupée et pour avoir le bénéfice d'être étranglé avant de sentir la flamme, il consentit à répéter le formulaire que lui proposait le confesseur qu'on lui avait donné : « Mon Dieu, vous que j'ai tant offensé, soyez-moi propice, et vous aussi, Vierge-Mère, je vous en conjure, ainsi que

St-Etienne : intercédez là-haut pour moi, pauvre pé-
cheur ! »

Toujours soufflé par le confesseur, il consentit encore
à avertir les assistants de lire ses livres *avec beaucoup
de circonspection.* Il répéta trois fois qu'ils contenaient
des choses qu'il n'avait pas bien comprises. En échange
de cette sorte de rétractation obtenue par la crainte du
bûcher on lui fit la grâce de l'étrangler avant de le brûler. Il avait juste 37 ans.

Quelle était au fond la pensée de cette nouvelle victime de la place Maubert ? Etait-ce un athée, un libre-
penseur au sens moderne du mot ? On l'a prétendu et
beaucoup de ceux qui font un pélerinage annuel à sa
statue le croient encore. Mais c'est une erreur matériel-
le, une méprise complète.

Boulmier a écrit : « Depuis dix ans que je m'occupe
de Dolet, je crois avoir lu avec une certaine attention, à
peu près tout ce qui est sorti de sa plume. Eh bien ! je
l'affirme sans crainte : je n'ai pas trouvé chez cet homme
si indignement traqué par la calomnie contemporaine,
une phrase, un mot, qui, même avec l'interprétation la
plus malveillante, puisse faire croire qu'il ait nié, ou
simplement mis en doute l'existence de Dieu. Bien au
contraire, j'ai rencontré, ça et là dans ses livres une
foule de passages d'où jaillissent, pour ainsi dire, les
plus vifs élans vers la toute-puissance et la toute-bonté
divines. » (1)

Dolet était-il protestant ?

(1) *Dolet*, p. 267.

Je ne crois pas qu'on puisse l'affirmer. Dans sa jeunesse, dans ses discours contre Toulouse par exemple, il déclare qu'il ne peut approuver les nouvelles opinions. « Je n'observe, dit-il, que celle. dont nos pères ont jusqu'ici pratiqué les rites. » Peut-être n'eût-il pas été aussi formel quelques années plus tard. Mais dans son dialogue *de l'Imitation cicéronienne contre Erasme* il s'exprime encore fort sévèrement contre les luthériens. Marot non plus ne voulait pas être appelé « luthérien ». Encore une fois, cela coûtait trop cher à ceux qui ne voulaient pas aller jusqu'au bûcher inclusivement. Mais on sent bien qu'au fond Marot est un luthérien secret. Il n'en est pas de même de Dolet. Ecoutons-le : « La méprisable curiosité des luthériens a porté une cruelle atteinte à la dignité de la religion ; ces hérétiques ont fourni le prétexte de mépriser les choses les plus connues ; en place des divines institutions qu'ils ont renversées, ils en ont introduit de purement humaines ; *ils ont aiguisé l'esprit des ignorants et des brutes.* » (1)

Voilà un reproche qui en dit long sur le protestantisme de Dolet. Il reproche ainsi à la Réforme ce qui fait son mérite à nos yeux : elle a aiguisé l'esprit des ignorants et des brutes. En d'autres termes, elle a émancipé le peuple. Si les libres-penseurs qui accordent à Dolet l'honneur annuel d'un pieux défilé étaient justes, ils élèveraient non pas *à la place* de celle de Dolet, mais à côté de la sienne, une statue commémorative à l'un de ces luthériens courageux qui sont morts sans faiblesse

(1) *Ibid.* p. 257.

et sans repentir pour avoir, entre autres, commis le crime « d'aiguiser l'esprit des ignorants et des brutes. »

Quoi qu'il en soit, la mort de Dolet eut un retentissement profond au XVIe siècle. Théodore de Bèze le pleu-
ra en vers latins dont il eut grand tort de se repentir...
Un poète anonyme lui consacra une épitaphe dont nous
retiendrons les derniers vers :

> Mort est Dolet, et par feu consumé...
> Oh quel malheur et que la perte est grande !
> Mais quoy ! en France on a accoustumé
> Toujours donner à tel saint telle offrande.

Le trait n'a rien perdu de son à propos. (1)

Le supplice de Dolet sur la place Maubert ne devait
pas être le dernier, loin de là. Pour en finir avec ce lugu-
bre défilé, nous n'en rapporterons plus que trois, le supplice de Nicolas Clinet, de Taurin Gravelle et Philippa
de Luns, dame de Graveron.

Le 4 septembre 1547, les protestants de Paris forcés
par la persécution de se réunir en secret, s'étaient ras-

(1) Les lecteurs qui voudront compléter leurs lectures sur Dolet,
consulteront avec fruit les ouvrages et articles suivants : Bayle,
Dictionnaire, art. Dolet ; J.-F. Née de la Rochelle, *Vie d'Et. Dolet;*
Paris, 1779 ; A. Taillandier, *Le procès d'Etienne Dolet*, Paris, Té-
chener, 1836 ; Boulmier, *Etienne Dolet*, 1857 ; Christie, *Etienne
Dolet the marthyr of the Renaissance*, 1880 ; traduction, chez
Fischbacher ; O. Douen, *Et. Dolet, Bull.* 1881, 337-385. N. Weiss,
Bull XXXIV, 19.

Revue Chrétienne, Etienne Dolet, par Ch. le Cornu, 1912, p. 449.

semblés au nombre de trois ou quatre cents dans une maison de la rue St-Jacques, en face le collège du Plessis. Quelques prêtres à l'affut dénoncèrent les protestants au guet. Une foule hurlante mais lâche se réunit bientôt aux portes de la maison. Les gentilshommes présents tirèrent l'épée et offrirent de faire un chemin à tous les huguenots réunis. Ceux qui acceptèrent leur offre purent s'échapper. Une cinquantaine de femmes ou d'hommes âgés ou timides restèrent dans la maison. Arrêtés tous ils furent livrés au Parlement et la Cour commença leur procès. Nous empruntons le récit de leurs souffrances et de leur mort vaillante à la *Chronique protestante* de Crottet.

Le 17 septembre 1557 , trois des prisonniers furent amenés devant les juges. C'étaient Nicolas Clinet, vieil lard de soixante ans, natif de Saintonge et l'un des surveillants ou anciens de l'Eglise de Paris : Taurin Gravelle de Dreux, avocat au Parlement, qui avait prêté pour la réunion, la maison que son parent, le sieur Barthomier, lui avait laissée en garde et la demoiselle Philippe de Luns. Nous ne rapporterons pas tout ce qui concerne les deux premiers. Quant à leur compagne d'infortune, elle montra une constance si héroïque que nos lecteurs seront bien aises de trouver ici le récit de ses derniers combats. Nous le transcrivons presque mot à mot du manuscrit des Martyrs de l'Eglise de Paris qui se trouve à la Bibliothèque Royale (1).

Cette jeune femme, elle n'avait alors que vingt ans

(1) Aujourd'hui, *Bibliothèque Nationale.*

environ, avait quitté la paroisse de Luns, dans le diocèse de Périgueux, pour venir s'établir à Paris, et se joindre à l'Eglise qui s'y était formée depuis peu. Sa piété était exemplaire, et sa maison située dans le faubourg de St-Germain-des-Prés, était ouverte aux fidèles qui désiraient s'y réunir pour prier Dieu. Quoiqu'elle fut demeurée seule depuis le mois de mars de cette année, par suite de la mort de son époux le Seigneur du Gramboy (1), que son zèle avait fait nommer surveillant ; cette circonstance ne l'avait pas empêchée de fréquenter assidûment les assemblées religieuses, et elle n'avait pas manqué de se rendre à celle de la rue St-Jacques, où la Sainte-Cène devait être célébrée. Au Chatelet, elle avait répondu avec fermeté aux docteurs de Sorbonne qui étaient venus auprès d'elle, pour essayer de la ramener au catholicisme, que sa foi était fondée sur la parole de Dieu et qu'elle voulait mourir en la professant.

Quand elle comparut devant ses juges, elle se montra calme et résignée. Cependant elle ne put retenir quelques soupirs ; mais à cela près, elle conserva toujours sa présence d'esprit et elle répondit avec courage et souvent même avec une certaine gaieté, aux questions qui lui furent adressées. Une fois entre autres, que le lieutenant Munier lui demandait si elle croyait que le corps de Jésus-Christ fût au sacrement de l'autel, elle ne put s'empêcher de prononcer ces paroles : « Eh ! Monsieur, qui croirait que cela fut le corps de celuy auquel toute puissance a esté donnée et qui est élevé par

(1) Crespin le nomme le seigneur de Graveron.

dessus tous les cieux, quand les souris le mangent. » A ce sujet, elle raconta avec tant de grâce et d'enjouement un fait de ce genre, qui s'était passé dans la province qu'elle avait quittée qu'on reconnut bientôt qu'elle était loin d'être abattue par la crainte, bien que ses yeux fussent quelquefois baignés de larmes. Au reste dès le premier interrogatoire, elle put s'apercevoir qu'elle ne pourrait pas échapper à la mort, si ce n'est en abjurant. Ses voisines attestaient bien, il est vrai, qu'elles n'avaient qu'à se louer de leurs rapports avec elle, qu'elle était très charitable ; mais elles ajoutaient (ce qui à cette époque était un crime impardonnable) que sans cesse il y avait en sa maison gens chantant les psaumes : que deux ou trois fois on avait vu sortir nombre infini de personnes de là dedans ; que son mari mourant n'avait jamais appelé les prestres ; qu'ils ne savaient où il estait enterré et que jamais ils n'avoient eu nouvelles du baptême de leur enfant.

La pauvre jeune femme voulut alors se préparer à comparaître devant Dieu. A l'issue de la séance et au moment où l'on donnait l'ordre de la ramener dans sa prison, elle s'adressa au lieutenant :

« Monsieur, lui dit-elle, vous m'avez osté ma sœur et avez commandé que je feusse entièrement seule. Je voy bien que ma mort approche, et partant (en conséquence), si j'ay eu jamais besoin de consolation, c'est à présent. Je vous prie m'octroyer que j'aye une Bible ou un Nouveau Testament pour me conforter. »

Nous ne savons pas si sa demande fut agréée. Mais ce qui est certain, c'est qu'elle montra une grande connaissance du saint livre dans les réponses qu'elle fit aux juges. Nous allons les rapporter ici, telles que l'auteur, qui les avait copiées au greffe, les a insérées dans son manuscrit :

D. Interrogée par le lieutenant particulier si elle ne voulait pas croire à la messe ?

R. Qu'elle voulait seulement croire ce qui est au vieil et nouveau Testament.

D. Si elle ne croit pas ce qui est en la Messe et mesmement au sacrement de l'Hostel ?

R. Qu'elle croyait aux sacrements institués de Dieu, mais qu'elle n'avait trouvé que la Messe fut instituée de Luy.

D. Si elle ne voulait recevoir le sacrement de l'hostel ?

R. Qu'elle ne voulait rien faire que ce que Jésus-Christ avait commandé.

D. Depuis quel temps elle s'estoit confessée au prestre ?

R. Qu'elle ne savait et que tous les jours elle se confessait à Dieu, comme il avait commandé et ne croyoit qu'autre confession fut requise et instituée par Jésus-Christ, pour ce que luy seul avait puissance de pardonner les péchés.

D. Ce qu'elle sentait des prières adressées à la Sainte-Vierge Marie et aux Saints ?

R. Qu'elle ne savait autre oraison à faire que celle que Dieu lui avait enseignée, s'adressant à luy par son fils Jésus-Christ et non autre. Bien savait-elle que les saints du paradis sont heureux, mais ne leur voulait adresser ses prières.

D. Ce qu'elle croyait des images ?

R. Qu'elle ne leur voulait porter aucune révérence.

D. De qui elle avait aprins cette doctrine ?

R. Qu'elle avait étudié au Nouveau Testament.

D. Si elle faisait distinction des viandes au jour du vendredi et samedi ?

R. Qu'elle ne voudrait manger de la chair ces jours, si elle pensait blesser la conscience de son prochain infirme ; mais qu'elle sait bien que la parole de Dieu commande, ne faire distinction des viandes en quelque jour que ce soit, et qu'on pouvoit user de toutes, en les prenant avec actions de grâces. La dessus, on lui objecta que l'Eglise avait fait défense de manger la chair à certains jours ; et que ce qui n'estoit de soi péché, estoit fait péché, à raison de sa prohibition.

R. Qu'elle ne croyait en cela à autres commandements et défenses qu'à celles que Jésus-Christ avoit faites ; et quant à la puissance que le pape s'attribue de faire des ordonnances, elle n'en avoit rien trouvé au Nouveau-Testament.

De rechef on lui répliqua que les puissances tant ecclésiastiques que séculières ont été délaissées par Dieu pour gouverner son peuple.

R. Qu'elle le confessait des puissances appelées séculières ; mais que en l'Eglise, elle n'avoit pas leu qu'austre eust authorité de commander que Jésus-Christ.

D. Qui estoit celui ou celle-là qui l'avoit instruite ?

R. Qu'elle n'avait autre instruction que le texte du Nouveau-Testament.

D. Une autre fois elle fut interrogée de la mort de son feu mari, si elle ne l'avait pas enterré dans son jardin ?

R. Que non, mais avoit esté emporté à l'Hôtel-Dieu, pour estre inhumé avec les pauvres (comme elle en pouvait montrer l'attestation, sans toutefois autres cérémonies superstitieuses.

D. S'il est requis pour la salvation de celui qui est décédé de faire prières ?

R. Qu'elle croyait celui qui serait décédé au Seigneur, estre purgé par son sang et ne lui fallait autre purgation, et que partant n'était besoin de faire prier pour les trés-passez, et qu'ainsi elle l'avait leu au Nouveau-Testament.

D. Si aux assemblées où elle se trouvait après la prédication faite, on avoit accoustumé d'esteindre les chandelles ?

R. Que non, et ne s'estoit jamais trouvée en lieu ou tel cas se fist.

Nicolas Clinet et Taurin Gravelle ayant montré la même fermeté devant les juges, les trois martyrs, furent condamnés comme hérétiques le 27 septembre, après avoir reçu la question. En attendant l'heure du supplice, ils furent conduits à la chapelle du Palais. Les docteurs de Sorbonne vinrent selon leur habitude faire de nouvelles tentatives pour les ramener à la foi catholique. Mais leurs efforts furent prodigués en pure perte. On fit alors monter chacun des trois martyrs dans une charrette. Un prêtre s'approcha au même instant de la jeune femme pour la confesser, mais elle le repoussa en disant qu'elle se confesserait à Dieu auquel seul d'après ce qu'elle avait lu dans la Bible elle reconnaissait le pouvoir de remettre les péchés et duquel elle attendait le pardon des siens.

Sollicitée par quelques conseillers de la Cour du Parlement de prendre une croix de bois dans ses mains selon qu'on avait coutume de le prescrire aux criminels, et pour obéir disaient-ils, au commandement de Dieu qui ordonne à chacun de porter sa croix. Ah ! Messieurs, leur répondit-elle, vous me faites bien porter ma croix, m'ayant injustement condamnée et m'envoyant à la mort pour la querelle de nostre Seigneur Jésus-Christ lequel n'entendit oncques parler de ceste croix que vous dites.

Le jugement portait que les trois condamnés devaient avoir la langue coupée, dans le cas où ils ne voudraient pas se convertir. Aucun d'eux n'ayant consenti à le faire, on procéda à cette cruelle opération. Quand ce fut le tour de la jeune dame, elle s'écria avec gaieté : puis que je ne plains mon corps, plaindrai-je ma langue, non, non, dit-elle en la tendant elle-même au bourreau.

Ce fut dans cet état que les prisonniers sortirent du palais. Gravelle montrait une étonnante fermeté. Les soupirs qui échappaient de son sein, ses regards sans cesse tournés vers le ciel, indiquaient assez les pensées qui agitaient son cœur dans ce moment solennel. Clinet déjà affaibli par l'âge laissait apercevoir un peu de tristesse sur son visage pâle et défait. Quant à leur compagne d'infortune elle paraissait sur sa charrette rayonnante de beauté et de grâce. Pour témoigner la joie qu'elle éprouvait de paraître bientôt en présence de son divin époux, elle avait quitté ses vêtements de deuil et elle avait repris son chapeau de velours et les autres ornements qu'elle avait portés dans le temps de son bonheur terrestre. Arrivés sur la place Maubert, Clinet et Gravelle furent brûlés vifs. La jeune femme fut étranglée après avoir été flamboyée aux pieds et au visage.

Ces supplices firent une profonde impression sur le peuple qui commençait à revenir de son égarement et de sa fureur et qui éprouvait le désir de connaître cette doctrine pour laquelle il voyait un si grand nombre d'individus affronter la mort avec tant de courage. « Ces tristes et constants spectacles, dit un écrivain contemporain (1) jettoient quelque trouble, non seulement dans l'âme des simples, mais des plus grands, qui les couvraient de leur manteau, ne se pouvant la plupart persuader que ces gens n'eussent la raison de leur côté, puisqu'au prix de leur vie, ils le maintenaient avec tant de fermeté et de résolution ; autres en avaient compassion, marris de les voir ainsi persécutez. Et contemplant dans les places publiques ces noires carcasses suspendues en l'air, avec des chaînes vilaines, reste des supplices, ils ne pouvaient contenir leurs larmes, les cœurs mesmes pleuraient avec les yeux. Cependant les curieux désiraient voir leurs livres, et sçavoir le fond de leur créance et pourquoy on les faisait mourir. »

(1) Florimond, liv. VII, p. 865.

« Quant aux erreurs du passé écrivait un jour M. Emile Boutroux à l'auteur de ces pages, il faut les laisser tomber sans colère. »

C'est dans ce sentiment que nous terminons ce petit livre. Nous l'avons écrit et nous le terminons sans colère — mais non sans admiration. On a cherché toutes sortes de causes à la Réforme française, politiques, sociales, économiques, que sais-je ? Ceux qui auront lu jusqu'au bout ces tristes pages, auront bien vu que la Réforme française a des origines essentiellement religieuses et morales. C'est la liberté de leur pensée, de leur conscience et de leur culte que demandaient les premiers réformés, pas autre chose. Tous les exemples de fermeté héroïque et d'indéfectible foi que nous avons donnés ici, montreront une fois de plus combien Michelet avait vu juste lorsqu'il disait de la Réforme à son aurore : « *Elle ne refit pas l'idée, mais le caractère.* Elle agit et souffrit, donna son sang à flots. Ses martyrs populaires qui cherchaient leur force dans la Bible, font une seconde Bible sans le savoir et combien sainte ! Le martyrologe de Crespin est bien autrement édifiant à lire que la chronique des rois de Juda. Cela dure quarante ans ! Nulle résistance, nul combat. On ne sait que bénir et mourir. »

TABLE ALPHABÉTIQUE

C

D

H

Halles (Pavillon des), 31, 32, 35.
Harpe (rue de la), 54.
HENRI II, 36, 37, 91.
HENRI IV (Lycée), 128.

HERMINJARD, 46, 61, 64, 140, 142.
Hirondelle (rue de l'), 122.
Hachette (rue de la), 55.
Hurepoix (rue de), 122.

I

Innocents (fontaine des), 33.

J

JACOBINS (Le prieur des), 80.
JOSSE (dom), 72.

JOUBERT 133, 135 et s.

K

KNOBELSDORF (Eustache de), 141, 142.

L

La Rochelle, 135.
Lavandières Sainte-Opportune (rue des), 55.
LECLERC (Nicolas), 83.
LEFÈVRE D'ETAPLES (Jacques), 62, 68, 73, 77, 78, 80, 81, 82, 95.
LE GOIEUX, 90.
LELIÈVRE (Mathieu), 90.
LENFANT (Jean), 31, 35.
LE MAISTRE, 91.
LIVRY, 18, 19 s., 100, 105 et s.

LIZET, 70, 105, 111 et s.
Lyon (l'archevêque de), 74.
LORMIER (Pierre), 21.
Lorraine (le cardinal de), 92.
LOUVRE, 26.
LHUILLIER (Nicole), 25, 27, 35.
LUDE (de), 65.
LUTHER, 18, 19, 35, 61, 66, 67, 68, 70, 72, 74, 76, 82, 140, 143.
LUTHÉRIENS, 18, 76, 85, 90, 143, 153, 155, 156.

M

N

O

P

Q

R

S

TABLE DES MATIÈRES

Montbéliard. — Sté An^{me} d'Imprimerie Montbéliardaise.

Montbéliard. — Sté An^{me} d'Imprimerie Montbéliardaise